깨달음이 주는 선물

깨달음이 주는 선물

초판 1쇄 | 2018년 7월 16일

지은이 | 설영상
그림 | 홍명이
펴낸이 | 설응도
펴낸곳 | 라의눈

편집주간 | 안은주
영업·마케팅 | 나길훈

디자인 | Kewpiedoll Design

출판등록 | 2014년 1월 13일(제2014-000011호)
주소 | 서울시 서초구 서초중앙로29길 26 (반포동) 낙강빌딩 2층
전화번호 | 02-466-1207
팩스번호 | 02-466-1301

전자우편 | 편집 editor@eyeofra.co.kr   마케팅 marketing@eyeofra.co.kr
          경영지원 management@eyeofra.co.kr

이 책의 저작권은 저자와 출판사에 있습니다. 서면에 의한 저자와 출판사의 허락 없이
책의 전부 또는 일부 내용을 사용할 수 없습니다.

ISBN : 979-11-88726-20-2   03200

※ 잘못 만들어진 책은 구입처에서 교환해 드립니다.
※ 책값은 뒤표지에 있습니다.
※ 라의눈에서는 독자 여러분의 소중한 아이디어와 원고 투고를 기다리고 있습니다.

깨달음이
주는 선물

설영상 지음
홍명이 그림

라의눈

궁극의 진리에 도달하고 그것이 사실임을 알면,

하찮아 보였던 내가 더 이상 위대할 수 없는

대단한 존재임을 깨닫게 됩니다.

우리는 모든 것의 근원인

참나이지 않은 적이 한 번도 없었습니다.

단지 이 세상에서만 잊고 있을 뿐입니다.

이제 참나의 무한하고 영속한 존재로 돌아가

영원한 행복을 찾으시길 바랍니다.

차 례

추천사 — 8
머리글 — 17

미리 생각해 보기 — 25

1장 | 깨달음에 닿기 위한 3가지 질문
1. 지금 행복한가요? — 43
2. 내가 아는 나는 참된 나일까요? — 53
3. 진리란 무엇일까요? — 61

2장 | 자유롭고 행복한 삶의 비밀
1. 자유 — 69
2. 행복 — 79
3. 삶의 주체, 나 — 87
4. 궁극의 진리 — 92
5. 종교와 종교제도 — 113

3장 | 전해지는, 진리를 찾는 수행법들

1. 말씀 안에 거하기 — 126
2. 중용 — 138
3. 있는 그대로 보기(깨닫기) — 142
   위빠사나와 관찰 수행 — 142
   의혹을 풀어가는 수행법 — 148
4. 진리의 춤 — 157
5. 주문 수련 — 161

4장 | 잘 보고 잘 생각하라 | 추천하는 진리 찾기

1. 수행하는 자 — 167
2. 마음 알기와 마음 잘 쓰기 — 172
3. 생각 잘하기(깨닫기) — 194
4. 우주의 미소 짓기, 꼬리뼈 바라보기 — 202

5장 | 앎에서 삶으로

1. 궁극의 진리를 찾는 '생각 잘하기' — 209
2. 늘 자유롭고 행복한 삶 — 215

부록1 | 알아차림 이전의 알아차림, 초감각지각 — 220
부록2 | 생명체와 성명쌍수 — 238

추천사

이 세상을 사는 사람들이 성공적인 삶을 영위하기 위해서는 가장 먼저 삶의 목적目的, Goal을 설정해야 할 것이나 아마 거의 모든 사람들의 삶의 목적은 '행복幸福해지는 것'이라고 해도 별다른 이의는 없으리라 생각됩니다.

그러나 스스로 불행해지려고 하는 사람은 없겠지만, 어떤 상태가 행복한 것이고 또 행복해지기 위해서는 구체적으로 무엇을 해야 할 것인가 하는 삶의 목표目標, Objective의 설정과 그 추구방법들은 사람들마다 상당한 차이가 있을 것입니다.

예체능에 능력과 관심이 있는 사람들은 자신에게 맞는 분야에 매진하여 그 분야의 최고가 되는 것이 목표가 될 수 있을 것입니다. 또 보통의 많은 사람들은 가능한 한 높은 권력이나 많은 부를 목표로 삼을 수도 있을 것입니다. 그렇지만 그런 목표를 성공적으로 달성했다고 해서 반드시 행복해지는 것은 아닌 것 같습니다.

우리나라 최고의 시인으로서 지난 10여 년간 계속 노벨상 후보로 거론되던 분과 그 외에 연예계를 주름잡던 몇몇 분들이나 또 최고 권력자였던 전직 대통령들과 고위 공직자들의 근황, 그리고 돈으로 못할 것이 없을 것 같던 재벌 총수들의 구속 등을 보면 더욱 그런 생각을 아니할 수 없습니다. 그리고 그 이유를 생각해 보면 그들은 결국 삶이 무엇인지, 행복이 무엇인지를 잘 모르고 살아왔기 때문이 아닌가 싶습니다.

이 책의 저자 설영상 회장은 젊었을 때부터 삶에 관련된 여러 가지 떠오르는 질문들에 대한 답을 찾기 위하여 오랜 기간 많은 책을 읽고 스스로 고민하기도 하였습니다. 몇몇 선원에서 수련도 하고 여러 분야 고수들의 강연도 들으면서 지식과 생각, 그리고 체험의 폭을 넓혀 나갔습니다. 그러던 어느 날 그는 드디어 큰 깨달음을 얻게 되었는데 그 깨달음이 얼마나 크고 깊은지 제대로 가늠하기가 어렵지만 20여 년을 옆에서 지켜본 사람의 생각으로는 이미 최고의 경지가 아닌가 싶습니다.

그는 자신의 깨달음에 만족하지 않고 20년 전 '참나찾기수련원'을 개원하여 수많은 사람들에게 참나 찾기를 지도함으로써 그들에게 자유와 행복을 선물하여 왔습니다. 그리고 이제 자신의 깨달음의 과정에서 섭렵했던 동서고금의 수많은 고전과 종교서적들, 깨달음의 과정과 참나 찾기 지도에서 얻어진 수많은 체험들을 총망라하여 이 책을 저술하게 되었습니다.

참다운 나는 과연 누구인지를 깨닫고 이를 통하여 참다운 자유와 행복을 얻고자 하시는 분들에게는 더할 수 없는 좋은 지침이 되리라 믿어 의심치 않습니다. 부디 이 책을 통하여 '참나'를 찾고 진정한 자유와 행복을 마음껏 누릴 수 있게 되시기를 바랍니다.

감사합니다.

2018년 6월, 무애無碍 임성빈
명지대 명예교수 ·『빛의 환타지아』저자

추천사

  오랫동안 참나찾기수련원에서 치열하게 수행하며 우리 전통 선도와 정신과학을 관통하는 독창적인 수행체계를 확립하여 후학들을 지도해온 고허 설영상 회장이, 누구나 말은 쉽게 하지만 쉽게 다룰 수 없는 주제인, 깨달음/견성, 나/참나/무아, 자유/대자유, 알아차림 이전의 알아차림, 궁극의 진리/깨달음, 격물치지/치양지격물, 의언진여/이언진여, 여실지견, 식심견성, 반망즉진/반본환원 등의 깨달음과 수행의 정수 언어를 모아, 후학의 수행자들에게 귀중한 수행지침이 될 수 있는 깨달음과 깨달음에 이르는 독특한 성명쌍수의 과정에 대한, 보기 드물고 귀한 수행지침서를 내놓았다.

원래 문자로는 제대로 알 수 없는 참나, 깨달음, 견성, 확철대오, 궁극의 깨달음(구경각, 무여열반)은 어불성설, 불립문자, 절언절려이지만, 언어에 의하지 않고서는 뜻을 알 길이 없다(得意而言). 물론 초감각적, 초의식적 정묘적, 원형적 이데아/형상/실상의 색계, 그리고 원인적 공, 태극, 일기, 무극의 무형상의 무색계, 비이원의 궁극의 실재계, 참나의 본래면목인 진여자성, 만법유식의 일심, 삼공지해의 일미, 일자, 도의 여여한 본체의 경지는, 성현들이 영속종교·영속철학·영속수행의 문자의 지도로 만들어 놓은 진리의 지도가 안내하는 영토 속으로 수련을 통해 직접 여행(수행)하며 들어가, 마치 곽암의 선십우도의 비유에서 보듯이, 자성, 참나를 찾고 보고 기르는 점수의 여러 단계를 거쳐 어느 순간 반본환원하는 돈오의 견성(깨달음)을 해야 도달하는 경지이다.

그런데 성현들의 이러한 문자로 된 진리의 지도의 언어 자체를 잘못 이해한다면 깨달음은 불가능하고 영원히 헤매게 되는 것이다. 그래서 상대의 현상, 실상세계와 본체를 표상하는 문자언어를, 격물치지/치양지격물적으로 문자적 이해를 넘어 '正知/正解'해야 여실지견으로 정견·정사유 할 수 있고 점수돈오의 바른 깨달음을 향해 나아갈 수 있는 것이다.

이 책에서 고허선생은 깨달음과 나, 참나, 궁극의 진리를 깨우치고 수행을 통해 깨달아가려면, 왜 모든 문자적 용어, 개념, 원리를 파자·해자를 통해 어떻게 문언적 통념(俗諦)의 뜻을 넘어 원래의 의언적 참뜻(眞諦)를 명료하게 격물치지적으로 알아야 하는가를 잘 보여주고 있다. 특히 어느 것도 적당히 통념적으로 아는 게 아니라 격물치지적 여실지견의 정신으로 바로 알고 배워서 익히는 '학습'을 강조하며 이러한 학습을 통해 바르게 성명쌍수로 수행해 나가면, 그 길이 곧 궁극의 깨달음에 도달하는, 성통공완하는 길임을 명확하게 밝히고 있다.

또한 이 모든 영속수행의 진수는, 원래 타고난 '三眞'(성명정)이 성장과 삶의 과정에서 '三妄'(심기신)으로 서로 맞서 '三途'(감식촉)의 18경계로 갈라진 것을 지감·조식·금촉의 계정혜 성수련과 명(선도기공) 수련의 성명쌍수에 의해 삼진의 본성을 반망즉진으로 회복하여 성통공완하는 우리 선교삼경의 성명쌍수의 원리에 있음을 명료하게 보여주고 있다. 더 나아가 이 책에서 고허선생은 이 영속의 전통지혜들을 현대 정신과학적으로 해석하여 깨달음에 이르게 하는 다양한 효과적 방편수행법과 수행과정을 제시하고 있다.

무릇, 세상의 가진 자이든 권력자이든 간에 자아도취적 자기애에 갇힌 인간들을 제외하고는 보통 인간들이, 하루하루 정도의 차이는 크지만, 혼의 위축과 장애로 인한 고통과 불행 속에 스트레스, 분노, 우울, 강박, 중독 등으로 고통을 받으며 불행하게 사는 원인은, 나/자기가 어떤 존재인지, 참나, 영혼이 무엇인지 모르는 무지무명 속에 갇혀 살기 때문이다.

만약 고통받고 불행한 어떤 수행자가 자신의 무지몽매가 곧 자신의 모든 고통과 불행의 원인임을 깨닫는다면, 왜 내가 무지몽매 속에 갇히게 되었나를 반조하며, 우선 온전한 가르침의 전통지혜와 심층과학적 현대 신과학·정신과학에 의해 자기, 영혼, 참나, 생명, 우주 등의 궁극의 의문에 대한 지식이 아닌 바른 앎을 학습을 통해 치열하게 격물치지적으로 탐구하며 성명쌍수하는 게 중요하다.

그리하여 어느 도약적 임계수행단계에 이르러 양자도약적으로 돈오하여 '성통광명'하게 되면, 지금까지 자신의 불행고통의 원인이, 실재가 아닌 마야의 환상이고 지금까지 살아오며 뇌·의식·무의식에 잘못 각인된 헛된 정보지식의 그림자, 홀로그램공상, 환영의 주술에 갇혀서 그랬던 것임을 깨닫는다.

동시에 바로 그 순간 주술에서 벗어나 내외의 모든 자극에 자동반응하는 모든 의식무의식이 모두 실재가 아닌 마야환상의 '識'의 그림자 헛것에 홀린 것임을 깨닫고, 현재 그대로의 모든 의식무의식(정신, 마음, 감정, 본능)의 잔존 탐진치나 지말 미세번뇌 습기나 장애를 전혀 거부하지 않고, 초자각(알아차림 이전의 알아차림)의 주인옹인 참나의 주시에 의한 각성으로 그대로 통찰적으로 주시하며, 깨어서 바라보기만 해도 자아의 모든 고통과 불행의식은 모두 점차로 약화되다가 어느 순간 완전히 사라지게 된다. 그렇게 되면 반망즉진, 반본환원하는 깨달음의 무애자재의 경지에서 삶과 죽음으로부터 자유로워지고 현재 이 순간의 삶의 매순간을(최소한 초지보살의 환희지의 경지에서) 자유롭고 행복하게 향유하게 된다.

물론 이 책에서의 고허 선생의 깨달음 사상·사유·해석에 필자는 모두 다 동의하지는 않는다. 그러나 말로는 '常法'의 참뜻(義言眞諦)을 그대로 드러낼 수 없지만 '歸一心源, 歸萬流之一味'하여 보면 모든 언설은 '開合自在'이고 '立破無碍'이므로 나와 고허가 방점을 두는 교설의 방편적 차이는 그리 중요하지 않다. 왜냐하면 무아, 참나, 영혼, 심혼, 격물치지, 여실지견, 정기신/심기신의 성명쌍수 등, 그리고 단순자각이 아닌 여러 수준의 알아차림, 초감각적지각, 초의식, 메타자각/초자각만이 아니라 신과학, 통합양자원리, 정신과학과 일치하는 불교화엄사상, 우리 선도삼교의 삼신일체사상, 더 나아가 기독교, 힌두교, 유교 등의 영속종교·영속철학·영속수행과 회통하는 궁극의 진리, 반망즉진/반본환원, 성통광명/성통공완 등의 깨달음에 대한 설선생의 관점은, 성통한 선지식들은 서로 이심전심으로도 알 수 있는 경지이기에, 당연히 나와 의언진제적으로 일치하기 때문이다.

오늘날과 같이 초지능 AI시대에 내가 누구인지 모르는 무지무

명 속에 빠져 있는 현대인들의 정체성이 위협받는 시대적 상황에서, 고허 선생의 이 책은 깨달음을 향한 수행의 좋은 지침서가 될 수 있으므로 깨어 있는 삶을 지향하는 지식인이나 수행자는 누구나 한 번 이 책을 일독하기를 적극 추천하고 싶다.

2018년 6월, 조효남

한양대학교 명예교수 · 서울불교대학원대학교 초빙교수

켄 윌버의 『모든 것의 역사』 『의식의 변용』 역자

머리글

최고의 원리를 알고
거기에 이를 수 있는 수행법을 안다면
그리고 노력을 멈추지 않는다면…

왜 이런 공부를 시작했냐는 질문을 많이 받습니다. 신비 체험과 같은 조금은 멋있고 별스러운 대답을 기대하는 분들도 있는데, 저의 시작은 결코 그렇지 않았습니다. 젊은 시절엔 그저 남들처럼 잘 먹고 잘 사는 것이 성공한 인생인 줄 알았습니다. 그렇게 세속적인 삶을 살다가 어느 날 인생의 절벽 앞에 서게 되었습니다. 사업은 되는 게 없고 엎친 데 덮친 격으로 아내까지 아팠던 겁니다. 왜 나한테 이런 일이 닥치는 건지 이해할 수 없었습니다.

그제서야 저는 삶을 돌아보게 되었습니다. 운명이란 게 있는지, 있다면 주어진 운명을 바꿀 수 있는지 몹시 알고 싶었습니다. 건강은 무엇으로 이루어지는지, 몸이 문제인지 마음의 문제도 있는지, 환경이 문제인지 유전적 소인은 얼마나 영향을 미치는지 여러 가지 질문이 마구 떠올랐습니다. 그저 눈앞에 닥친 불행을 어떻게든 해결해보려고 몸부림치던 시절이었습니다.

일단 진리가 담겨 있다는 경전들을 섭렵했습니다. 훌륭한 책들은 큰 도움을 주었지만 어떤 부분은 설명할 수 없는 갈증을 느끼게도 했습니다. 혼자 고민하며 해결하고자 했지만 쉽지는 않았습니다. 특히 건강 문제를 해결하기 위해 인체를 공부했지만, 인간은 인체로만 이루어진 것이 아니었습니다. 몸, 마음, 영혼을 모두 이해하려니 책만으로는 한계가 있었던 것입니다.

그래서 괜찮아 보이는 수련단체를 찾아 지도를 받고 (사)한국정신과학학회에 가입해서 각 분야의 고수들에게 강연을 들으며 생각과 체험의 폭을 넓혀 나갔습니다. 그때 강의를 들었던 분은 교수, 수행인, 스님, 목사 등 다양했습니다. 확실히 세상을 보는 인식의 수준이 늘어남이 느껴졌습니다. 내가 던진 여러 의문에 대한 답이 점점 구체화되기 시작했습니다. 여러 방면의 노력이 서로 도움을 주며 깨달음을 상승시킨 덕이라 생각합니다.

그런데 공부가 깊어질수록 확실해지는 것이 있었습니다. '내가 누구인가, 그리고 무엇인가'를 해결하지 않고서는 더 이상 들어갈 수 없다는 것입니다. 나의 정체를 파악해야 어떤 삶이 바른 삶이고 성공적인 삶인지 정의할 수 있었기 때문입니다.

그러던 어느 날이었습니다. (사)한국정신과학학회 월례회에서 수맥에 관한 강연을 듣던 중에 정신이 번쩍 났습니다. 소위 엘로드(L-Rod)로 수맥 찾는 법을 가르치는데 '누구나 된다'라고 하는 말이 귀에 걸렸습니다. 그리고 설마 했는데 제 엘로드도 움직이는 것이었습니다. 정말이지 이해가 안 되는 기이한 체험이었습니다. 머리로는 전혀 판단이 안 되는데 엘로드는 반응하고, 그 자리가 물이 있는 곳이라니 신기할 따름이었습니다.

무엇보다 '나도 가능하다'는 사실이 가장 놀라웠습니다. 따지고 분석하기를 좋아하는 저에게 이런 특별한 일이 일어난 것은 초유의 일이었습니다. 그때까지 저는 '초능력 현상'은 특별한 사람에게만 일어나는 것이라 믿었으니까요.

모든 사람에게 가능하다는 이 현상을 이해하려고 공부를 계속하다가 2년 만에 그 원리를 이해했습니다. 이해하고 보니 허무할 정도로 너무나 당연한 것이었고, 거기엔 큰 원리가 담겨 있었습니다. 결국 이 체험은 저를 궁극의 깨달음으로 인도했습니다.

아울러 석가, 예수, 노자, 장자, 힌두교 등의 가르침이 너무나 당연한 말씀으로 다가왔습니다. 종족, 언어, 문화가 달라서 그렇지 근본적인 최고의 원리는 같았습니다. 신, 우주, 자연이란 단어에 속지 않고 그 단어가 의미하는 것이 무엇인지에 집중하면 그 존재 방식이나 자기 발현 방식 등에 대한 표현만 상이할 뿐 내용은 동일하다는 것을 알 수 있습니다.

앞에서 상이하다고 한 것은 '종교제도'이고 동일하다고 하는 것은 '종교'입니다. 사실 종교(마루종宗+가르칠교敎)는 한자 그대로 풀이하면 궁극적이고 보편적인 가르침을 뜻합니다. 다시 말해 종교는 일원一元이고, 종교를 가르치는 종교제도는 다원多元입니다. 이런 관점에서 해묵은 종교 논쟁도 끝낼 수 있으리라 믿습니다.

이러한 공부 과정을 거쳐 나를 찾고 근본적인 궁극의 진리, 즉 종교를 깨닫기만 하면, 힘들어 보이는 현재의 삶이 늘 자유롭고 행복할 수 있음을 알게 되었습니다. 소위 깨달음이 주는 자유와 행복이라는 선물을 누릴 수 있게 된 것입니다. 깨달음이 클수록 더 큰 자유와 행복을 누리게 됩니다. 그것이 궁극에 달하면 '늘' 자유롭고 행복할 것입니다.

앞에서도 밝혔든 저는 특정한 종교제도나 수행단체의 가르침에

치우친 적이 없었습니다. 저에게 필요하다고 생각되면 기독교, 유교, 불교, 도교, 힌두교뿐 아니라 서양철학의 가르침에도 귀를 기울였습니다.

이 책은 제가 공부하면서 깨달은 것을 중심으로 쓴 것이니 만큼, 종교제도에서 종교라는 최고의 가르침을 뽑아내 설명하고, 각 종교제도에서 깨닫기 위한 방편으로 사용하는 수련법들을 설명하고 있습니다. 또한 저의 수행법도 짧게 소개합니다.

최고의 원리를 알고 거기에 이를 수 있는 수행법을 안다면, 그리고 노력을 멈추지 않는다면 우리가 원하는 마지막 목표에 도달할 수밖에 없습니다. 다만 현재 내가 하고 있는 수행법이 최고라는 막연한 확신은 더 큰 성장을 가로막는 장애 요인이 될 수도 있으니 열린 마음을 가지시길 권합니다. 여러 좋은 수행법들을 참고하면서 '방법은 폭넓게, 주제는 깊이 있게' 연구하고 수행해 나가면 원하는 결과에 보다 정확하고 빠르게 도달할 수 있습니다. 여러분 모두 궁극의 깨달음을 얻어 '늘 자유롭고 행복한 삶'이라는 큰 선물을 누리시길 간절히 기원합니다.

이 책이 나오는 데 도움을 주신 분들께 이 자리를 빌려 고마움을 전합니다. 2011년 11월 한국정신과학학회 월례회에서 강연한 내용을 출판하자고 발의·기획한 남학현씨, 강연 내용을 녹취하고 주석 작업을 해 준 성장현씨, 교정을 보아 준 서현수씨가 직접적으로 도움을 주었습니다. 출판을 결정해준 라의눈 출판사의 설웅도 대표, 책임편집을 맡아준 안은주씨에게도 감사드립니다.

그리고 저를 이 자리에 있게 해주신 부모님(故설중희, 김재원), 동생들(영애, 영실, 영식, 영숙)과 그 가족들, 언제나 사랑으로 바른 소리를 하며 곁을 지켜주는 아내 홍명이에게도 고마움과 사랑을 보냅니다.

2018년 6월

고허古虛 설영상

'미리 생각해 보기'는 (사)한국정신과학학회의 '늘 자유롭고 행복한 삶을 찾아서' 강연 시
나눠드렸던 강의내용 요약본입니다. 본문으로 들어가기 전에
먼저 읽으면서 스스로 답을 내어 보신다면 더 큰 이해에 도달하실 수 있으리라 생각합니다.

── ❈ 시작을 위한 12가지 질문 ❈ ──

- 나는 지금 무슨 생각을 하고 있을까?

- 나는 지금 자유로운가요? 자유롭다면 또는 자유롭지 못하다면 왜일까요?
  더 자유로워지고 부자유스러움을 줄일 수 있는 방법은 있을까요?
  자유는 과연 무엇이고 우리는 어떨 때 자유로움을 느낄까요?

- 나는 지금 행복한가요? 행복하다면 또는 불행하다면 왜일까요?
  행복은 과연 무엇이고 우리는 어떨 때 행복을 느낄까요?
  행복을 유지하고 나아가 상승시키거나, 불행을 줄이고 없앨 방법은 있을까요?

- 늘 자유롭고 행복한 삶은 가능할까요? 가능하다면 그 방법은 무엇일까요?

- 나의 삶을 살아가며 모든 것을 판단하고 있는 나는 누구일까요?
  내가 알고 있는 자유와 행복에 관한 판단은 올바를까요?
  내가 알고 있는 나는 올바른 나일까요?
  내가 아는 내가 참인 내가 아니라면 참나는 누구일까요?

- 내가 나에 대해 잘못 알 수 있다면 나를 둘러싼 주변 사람, 사물, 환경 등은 제대로 판단하고 있을까요?

- 잘못된 지식, 정보에 기초한 판단으로 우리의 삶을 스스로 불행하게 만드는 일이 얼마나 많을까요? 심하게 표현해서 정확한 판단에 의한 평가를 내리는 일이 있기는 한 걸까요?

- 정확한 지식·이치에 맞는 지식이 있고, 이것을 표현하는 진리가 있고, 그 진리가 우리 판단력의 근거가 된다면, 우리의 삶과 세상을 정확히 볼 수 있을까요?

- 진리가 진리의 수준만큼 우리의 삶을 정확히 알게 한다면 궁극적 진리는 우리의 삶과 세상을 극명하게 궁극적으로 알게 만들지 않을까요?

- 궁극적이며 근본적인 진리는 우리를 늘 자유롭고 행복하게 할까요?

- 그렇다면 궁극적이며 최고의 근본적인 진리는 무엇일까요?

- 그리고 그 궁극적인 진리는 어떻게 찾을 수 있을까요?

※ 늘 자유롭고 행복한 삶을 찾아서 ※

1. 자유自由, Freedom

　외부적인 구속이나 무엇에 얽매이지 않고 자기 마음대로 행동하는 일, 또는 그러한 상태 – 네이버

- 自+由　　自 → 自然, 自在, 無自性, 自性
- 무애無礙

　막히거나 걸리는 것이 없음 – 불교

　freedom from all obstacles – 네이버

　一切無礙人일체무애인 一道出生死일도출생사 – 화엄경

- 진리가 너희를 자유롭게 하리라. – 요한복음 8장 32절

2. 행복幸福, Happiness

① 욕구가 충족되어 충분한 만족과 기쁨을 느끼는 상태 – 네이버

② 모든 욕구가 충족되어 열정과 욕망으로부터 자유로운 상태

– 설영상

에피쿠로스Epikuros 학파나 功利主義공리주의에서는 행복을 쾌락과

같은 것이라고 하여 고통이 없는 상태를 의미하였고, 아리스토텔레스는 인간의 본질인 이성이 제 기능을 다하고 있는 상태를 뜻하였으며, 칸트, kant는 자아의 결정에 의하여 자기 존재의 충족성과 조화를 의미하는 인격의 동일성이 성취된 상태라고 하였다. 흔히 종교적 세계관에서 초현실적 悅樂 엑스터시의 상태를 행복이라고 한다.
- 교육학 용어사전

3. 삶의 주체, 나

- 나는 누구인가? 탐구의 주체이면서 객체
- 물속의 물고기가 물을 잘 아는 듯하지만 물 밖에서의 물을 알기는 어려운 것과 같이 객관적인 관찰은 정말 어렵다.
- 개인, 가족 구성원, 동네 구성원, 고향 구성원, 거주 공동체 구성원, 도시 구성원, 국가 구성원, 각종 단체 구성원, 아시아 구성원, 지구 구성원, 태양계 구성원, 은하계 구성원, 우주 구성원

※ 너 자신을 알라, 그러면 신과 우주를 알 수 있으니… - 델포이, 아폴론신전

4. 궁극의 진리

궁극적인 최고의 가르침, 제1공리, 만물이론, 통일장이론: 宗敎

- 天命之謂性 率性之謂道 修道之謂敎 – 中庸

  천명지위성 솔성지위도 수도지위성

- 一卽多 多卽一 重重無盡 – 화엄경

  일즉다 다즉일 중중무진

  → 法界緣起법계연기, 緣起無礙門연기무애문

  一中一切多中一 一卽一切多卽一 一微塵中含十方

  일중일체다중일 일즉일체다즉일 일미진중함시방

  一切塵中亦如是 無量遠劫卽一念 一念卽是無量劫

  일체진중역여시 무량원겁즉일념 일념즉시무량겁

  – 法性偈법성게

- 宇我一體 梵我一如, Avatar – 힌두교

  우아일체 범아일여

- 나는 아버지 안에 있고, 아버지는 내 안에 계신 것을 네가 믿지 아니 하느냐. – 요한복음 14장 10절

내가 아버지 안에, 너희가 내 안에, 내가 너희 안에 있는 것을 너희가 알리라. – 요한복음 14장 20~21절

하나님도 한 분이시니 萬有의 아버지시라. 만유 위에 계시고, 만유를 통해서 일하시고, 만유 안에 계시는도다. – 에베소서 4장 6절

• 신 = 자연 = 이성Logos – 스토아학파

• 元神원신과 識神식신 – 太乙金華宗旨태을금화종지

• 人乃天인내천 – 東學

• 性 命 精 – 三一神誥삼일신고

德이 있는 자: 善惡의 경계를 넘은 자, 見性한 자, 道를 알고 실행하는 자

• Holism全一主義 – J.C. Smuts(1870~1950)

※ 得道득도, 道通도통, 見性견성, 大悟대오, 大德대덕, 性通功完성통공완, 解脫해탈, 부처

5. 宗敎종교 ≠ 宗敎制度종교제도

　자연의 현상들을 바라보며 궁극의 진리를 깨친 분들이, 남들에게도 자유와 행복을 알고 누리게 하고자 자신의 깨침을 나누며 다니신 가르침들을 후에 제자들이 모으고 배우기 쉽게 만든 틀이 발전하여 종교제도가 되었다.

　宗敎를 중심으로 기본교리가 갖춰져 있고, 그것을 실현시킬 방법이 준비되어 있으면 宗敎制度로서 인정받을 수 있다. 그냥 통속적으로 인정받고 있는 각 종교제도 중에서도 종교가 기본 원리가 아니라면 본래 의미의 종교제도라 칭할 수 없다.

6. 전해지는, 진리에 도달하는 각종 수행법
- 내 말씀 안에 거할 때, 참된 내 제자라 할 수 있고 진리를 알지니, 진리가 너희를 자유롭게 하리라. − 요한복음 8장 31~32절

- 中和중화, 誠實성실 − 中庸

- 있는 그대로 보기(깨닫기)
  위빠사나 − 석가
  眞如實相진여실상 − 大乘起信論대승기신론

依言眞如의언진여　離言眞如이언진여

解惑復本해혹복본 － 符都誌부도지

止感지감, 調息조식, 禁觸금촉 － 삼일신고

看話禪간화선 － 불교 임제종

默照禪묵조선 － 불교 조동종

疑頭의두 － 원불교

冥想명상

토론, Daimonion － 소크라테스

4대 우상(편견) 척결 － 프란시스 베이컨

- 易筋역근 － 달마, 太極拳태극권 － 장삼봉

- 無礙舞무애무 － 원효, 참나춤, 自然舞자연무

- 至氣今至願爲大降 侍天主造化定 永世不忘萬事知 － 최제우
  지기금지원위대강 시천주조화정 영세불망만사지

※ 각 수행방식의 판단 기준: 宗敎인 궁극의 진리에 도달할 수 있는 길을 제시하고 있는가?

7. 추천하는 진리에 도달하기(있는 그대로 보기, 깨닫기)
※ 있는 그대로 보기: 현상 속에 숨어 있는 본질 보기, 현상을 있는 그대로 해석하기

① 수행하는 자
자유와 행복을 누리고자 진리를 찾는 자가 자신임을 확인한다. 내가 찾지 못하면 남이 결코 주입할 수 없음을 자각한다.

② 마음 알기識心와 마음 잘 쓰기調心
- 인간은 마음으로 정신작용을 한다. 순간순간 떠오르는 정신작용을 '생각한다'라고 하고 그때 떠올려진 것이 그 순간의 내 생각念이다.

念　　思　　想

- 우리는 생각을 통해서 세상을 보고 평가한다.
  생각念, 想이 모여서 생각들思이 만들어지고, 어떤 대상을 볼 때 자기의 지식+체험 수준에 따라 자신만의 고정된(편견이 가미된) 생각想이 만들어진다. 이러한 상想들에 대응하는 앎識이 정해지면 그것이 자신의 앎의 수준이다.

지식 + 체험 → 앎

자신의 앎識을 받아들이는認 사고 작용을 認識인식이라 한다.

알아차림
인식, 인지, 지각
— 감각적 지각 Sensory Perception
— 고감각적 지각 Higher Sensory Perception
— 초감각적 지각 Extra Sensory Perception

- 그러므로 진리에 도달하는 수행의 핵심은 현재 자기의 낮은 인식 수준을 인정하고 내 앎의 수준을 끌어 올려 궁극적인 진리가 내 앎의 수준이 되도록 하는 것이다.
  → 識大化식대화 수련, 魂識혼식의 증대

- 그러려면 그 목표가 내 뜻意이 되어야 하고, 그 뜻과 관련된 나의 앎識의 수준이 곧 내 意識의식의 수준이다.

音 + 心 → 意

- 意定의정 → 純粹意識순수의식, 絕對意識절대의식에의 도달

- 意定한 意가 늘 나의 念이 되도록 노력해야 한다.

※ 결국 마음을 잘 쓰려면 생각을 잘하여야 한다.

③ 생각 잘하기
• 누구나 할 수 있는 일반적인 생각 잘하기
  注意+집중력+ 관찰+持久力지구력
  ⇒ 몰입 상태가 오고 意識의식 수준의 성장이 일어나 인식의 전환이 이루어진다.

• 정리하면 깨달음의 목표인 내 뜻意을 정하고意定, 그 뜻이 나의 一念(늘 그 순간에 떠오르는 한 가지 생각)이 되도록 주의력을 동원해 집중하고 관찰하면 점점 편견이자 이미지Image인 생각想이 사라지기 시작해(편견과 오해인 想이 어두워져 소멸되어가는 것을 명상 과정이라 한다) 편견이 사라진 無想무상 상태에 도달할 수 있다.

一念無想일념무상

• 주의: 어떤 사물, 사건, 장소, 생각 등에 관심을 집중하여 기울임
• 止觀지관, 冥想명상
• 意의 종류에 따라 그 뜻에 맞는 다양한 관찰 효과(깨달음, 통찰력)를 얻을 수 있다.

- 그러기 위해서는 자신이 쓰는 단어, 용어의 개념이 명확해야 한다. 개념의 명확화를 통해 개념이 몇 번 재구성되어 더 이상 오해할 수 없는 최고의 이해 상태에 있을 때 그 단어와 용어의 개념 이해가 완성되었다고 할 수 있다.

依言眞如와 離言眞如, 名可名非常名

예) 神, 自然, 道, 性, 見性, 德, 眞, 善, 美, 無, 空, 佛性 등

※ 생각 잘하기 → 의식 수준의 향상 → 인식 기준의 전환, 깨달음 증대, Paradigm Shift

8. 궁극의 진리에 도달하기 위한 '생각 잘하기'

止觀지관 → 一 + 止觀 → 正觀정관
※ 格物致知격물치지, 致良知格物치양지격물

- 자신의 주된 관심사인 뜻意을 궁극의 진리로 정하고意定, 注意를 집중해 몰입된 상태에서 궁극의 진리를 관찰하여 깨달음이 오면, 그 깨달음이 '궁극적인 진리와 언제나 부합하는

가'를 다시 관찰한다.

- 자신의 깨달음이 궁극의 진리와 늘 같다는 것이 확인될 때까지 계속 되풀이해서 관찰한다. 반복하다 보면 단순한 믿음에서 의혹이 완전히 사라지고 사실에 기초한 불변의 진리로 바뀌게 된다.

9. 늘 자유롭고 행복한 삶

天命之謂性
率性之謂道　　學 + 習
修道之謂敎

궁극의 진리에 도달하고 그것이 사실이라고 알게 되면大悟, 見性, 그 진리는 하찮아 보였던 내가 사실은 더 이상 위대할 수 없는 대단한 존재임을 깨닫게 해, 나를 구속할 것은 내 마음뿐이며 본래부터 자유로운 것을 단지 잊고 지냈음을 알게 된다.

내가 더 이상 추구할 욕구와 욕망이 필요 없는 무애자재한 존재라는 것이 사실로 받아들여지면, 욕구와 열망에서 해방된 지고의 행복을 누리게 된다. 그래서 궁극의 진리를 福音이라고 하는 것이다.

  늘 자유롭고 행복한 삶을 이루려면, 삶은 지식이 아니어서 궁극적인 진리를 안 지혜를 삶에 적용해야 한다. 길을 아는 것과 가는 것은 다르다. 궁극적 진리를 삶의 모든 부분에 대입하며 살아야 궁극의 자유와 행복을 누릴 수 있다.

  깨달음을 삶의 기준으로 삼아 실천하여
  大自由대자유! 至福지복! 누리시길 바랍니다.

1장

깨달음에 닿기 위한 3가지 질문

- 나는 지금 무슨 생각을 하고 있을까?

- 나는 지금 자유로운가요? 자유롭다면 또는 자유롭지 못하다면 왜일까요?
  더 자유로워지고 부자유스러움을 줄일 수 있는 방법은 있을까요?
  자유는 과연 무엇이고 우리는 어떨 때 자유로움을 느낄까요?

- 나는 지금 행복한가요? 행복하다면 또는 불행하다면 왜일까요?
  행복을 유지하고 나아가 상승시키거나, 불행을 줄이고 없앨 방법은 있을까요?
  행복은 과연 무엇이고 우리는 어떨 때 행복을 느낄까요?

- 늘 자유롭고 행복한 삶은 가능할까요? 가능하다면 그 방법은 무엇일까요?

1 ── 지금 행복한가요?

이 엄청난 주제를 어떻게 설명해야 할지 궁리를 해 보았습니다. 도_道니 자연_{自然}이니 하는 표현들은 뭔가 굉장히 큰 깨달음을 얘기하는 것 같긴 한데 딴 세상 얘기 같기도 합니다. '나', 그리고 '나의 삶'과는 거리가 느껴집니다. 그런데 '지금 행복한가?'라는 화두는 현실의 나와 직결됩니다. 또한 좀 만만해 보이기도 하고요. 이 책의 부제가 '늘 자유롭고 행복한 삶을 찾아서'인 이유도 여기에 있습니다.

자유롭고 행복한 삶을 원치 않는 사람은 없지만, 사실 그것조차도 별로 생각하지 않고 살아가는 우리입니다. 자유와 행복의 최상위 버전이라면 대자유_{大自由}와 지복_{至福}일 것입니다. 아마 수행하는 삶의 마지막 목표가 아닐까 싶습니다. 책의 부제에는 '삶'이란 단어가 들어가 있습니다. 굳이 이렇게 표현한 이유는 자유와 행복이 삶 속에서 이루어져야 의미가 있기 때문입니다.

 삶을 떠난 자유와 행복이라면 추구할 가치가 있을까요? 사실 우리는 은연중에 이런 생각을 하는 경향이 있습니다. 궁극의 자유와 행복을 추구하려면, 익숙한 것들을 떠나고 기왕의 삶을 떠나서 새로운 세상을 찾아가야 한다는 것이지요. 출가한다든가 수도원에 들어가는 것을 말합니다. 그런데 우리의 삶 속에서는 다다를 수 없거나 일반적인 삶을 모두 포기해야 얻을 수 있는 깨달음이라면 그것이 의미가 있을까요?
 또한 잘 먹고 잘 살기 위해 아등바등하느라 행복하지 않다면 '먹고 사는 문제가 다 해결되면 정말로 행복해질까?'라는 생각도 해봐야 합니다. 이렇게 행복과 자유 앞에 삶이라는 조건을 덧붙이면, 이 주제는 더욱 생생해집니다. 자유와 행복은 멀게 느껴질 수 있지만 삶은 '지금 여기' 내 눈앞에 있습니다. 나의 삶을 잘 가꾸어 나갈 필요가 있는 것이고, 그러다 보면 자유와 행복도 찾을 수 있으리라 생각합니다.

 요즘은 철학哲學을 학문이라 생각하는 사람들이 많습니다만, 애초에 철학은 수행修行으로 출발했습니다. 그리스 철학의 최대 주제도 자유와 행복, 자연, 이성인데 그중에서도 행복은 우리 삶에 직결되는 주제였습니다. 행복한 삶을 어떻게 찾아갈 것인가? 행복에 필요한 방정식은 무엇인가? 당대의 철학자들은 이런 주제들에 골몰했습니다.

석가모니의 탄생이 기원전 624년[1]이고 예수 탄생이 0년이라고 본다면, 그 사이의 시기에 그리스 철학이 번성했던 것입니다.

동서양 사상과 종교를 이것저것 공부하다 보니 스토아학파[2]가 눈에 들어왔는데, 그들은 행복한 상태를 규정하면서 신(神)이라는 개념을 가져왔습니다. 또한 신은 자연이고 자연을 움직이는 질서가 로고스(logos)이므로, '신·자연·로고스'를 동류(同類)라 주장했습니다.

신(神) = 자연(自然) = 로고스

*요즘은 '이성'이란 말이 감성에 대응하는 논리적, 개념적 사유의 능력을 의미하지만, 고대 그리스 시대에는 우주의 질서를 로고스, 즉 이성이라고 했습니다. 따라서 로고스는 한자어 성(性)으로 번역하는 것이 적당하다고 생각합니다.

어디서 많이 들어본 말 같다고요? 교회 다니는 분들은 '하나님은 로고스이시다'란 요한복음 1장 1절의 말씀이 익숙할 것입니다. 그 말이 스토아학파의 주장에 그대로 있습니다. 그런데 여기에 '자연'까지 포함시키면 동양사상과도 흡사해 보입니다. '신=자연'이라는 구도에서도 그렇고 '신=자연=로고스'의 구도에서도 그렇습니다.

자유와 행복에서 시작한 이야기가 동서양의 철학과 종교로까지 넓어졌습니다. 수련의 주제이자 궁극적 삶의 목표인 자유와 행복이 이렇게 근본적인 문제란 것만 알아두고 다음으로 넘어가겠습니다.

책의 앞부분에 수록된 '미리 생각해보기'에서 12가지 질문을 보았을 것입니다. 각각의 질문은 하나의 흐름으로 꿰어지고, 이 책은 그 질문들에 대한 순차적인 대답으로 구성되어 있습니다. **질문을 던지고 답을 찾아가는 가장 기본적인 탐구 방식을 통해 깨달음의 수준을 높여 진리에 도달하고자 하는 것입니다.**

지금부터 12가지 질문을 3단계로 끊어 설명할 텐데, 42페이지로 돌아가 첫 번째 질문부터 찬찬히 살펴봐주시기 바랍니다.

"나는 지금 무슨 생각을 하고 있을까?"

제일 중요한 질문이지만 약간 어색하게 느껴지는 문장입니다. 왜 그럴까요? 한시도 쉬지 않고 수많은 생각을 하며 살지만 스스로에게 이런 질문을 해 본 적이 없기 때문일 것입니다. 여러분은 지금 이 책에 온전히 집중하고 있나요? 저녁에 뭘 먹을지를 생각하나요? 미뤄둔 일, 배우자와 다퉜던 일을 생각하나요?

지금부터 여러분은 '나는 무슨 생각을 하고 있는지'를 생각하며 살아야 합니다. 지금 자신이 불행하다고 하는 분은 정확히 말해 '자신이 불행하다고 생각하는 것'입니다. '지금 불행한 것'과 '지금 불행하다고 생각하는 것'은 아주 다릅니다.

예를 들어볼까요? 사랑하는 사람의 죽음과 같은 엄청난 불행에 맞닥뜨린 사람도 24시간 매분 매초 불행하다고 여기지는 않습니다. 마지막 버스를 타기 위해 달려가는 그 순간에는 그 생각을 잊습니다. 오로지 버스를 타야겠다는 생각에 '나는 불행하다'는 생각이 끼어들 틈이 없기 때문입니다. 그렇다면 그 순간은 불행이 갑자기 사라진 걸까요? 상황은 같되 생각이 달랐을 뿐입니다. 이렇게 생각은 우리를 다르게 만드는 중요한 기준이 됩니다.

대부분의 행복과 불행이란 사고思考의 습관일지도 모릅니다. 어떤 상황이 닥칠 때 그 상황에 지나치게 몰입해 쉽게 단정을 내리는 습관 말입니다. 행복하다고 생각하는 습관을 가진 사람은 세상 살기가 참으로 편하겠지만, 주변을 둘러봐도 그런 사람은 쉽게 눈에 띄지 않습니다. 만약 불행하다는 생각을 습관처럼 하고 있다면, 정신 건강뿐 아니라 몸의 건강에도 나쁜 영향을 미치게 됩니다.

또 다른 예를 들어보겠습니다. 길을 가다 누군가와 살짝 부딪쳤는데 그가 뒤를 돌아보며 욕을 합니다. 부주의한 것이 내 잘못이긴 하지만, 느닷없이 욕을 먹으니 당연히 화가 치밀겠지요. 그런데 만약 소음 때문에 욕하는 소리를 못 들었다면 어떨까요? 화는커녕 평온하게 가던 길을 갈 것입니다. 또한 그 사람이 왜 욕을 했는지 알면 화가 나더라도 이해가 되거나, 별로 화가 나지 않을 수도 있습니다. 그는 한 손에 아이에게 줄 생일 케이크를 들고 있었고 부딪치면서 케이크가 다 뭉개졌을 수도 있습니다.

'누군가에게 욕을 먹었다'란 객관적 상황은 변함이 없습니다. 그러나 자신의 생각이나 이해에 따라 대응은 얼마든지 달라질 수 있다는 말입니다. 그리고 **어떤 생각에 집중할 때 그 밖의 다른 생각은 끼어들 여지가 없습니다.** 물론 집중이 쉽지는 않지만 원리상으로는 그렇습니다. **이런 원리를 이용해 우리의 잘못된 생각을 고치고 다듬어 제대로 된 생각 습관을 만든다면 늘 자유롭고 행복한 삶을 누릴 수 있을 것입니다.** 그렇게 삶을 누릴 수 있도록 깨달아가는 방법과 원리를 함께 찾아가고자 합니다.

자유와 행복은 오래 전부터 철학의 주제였습니다. 그런데 어떤 학자가 일평생을 바쳐 연구한 끝에 '행복'에 대한 걸출한 논문 한 편을 완성했다고 해 봅시다. 과연 그는 삶에서도 행복을 완성했을까요? 개념적으로 행복에 대해 잘 안다고 해서 행복한 삶을 살 수 있는 것은 아닙니다. 내가 진정으로 자유롭고 행복한 것과는 별개입니다.

자유롭고 행복하기 위해 철학자가 될 필요는 없다는 것을 이해하시겠지요? 저는 삶을 살아가는 모든 이들이 사실은 수행자 修行者라고 생각합니다. 수도사나 승려만 수행자가 아닙니다. **자신의 삶을 갈고 닦지 못하면 자유와 행복을 얻을 수 없다는 점에서 우리 모두는 수행자입니다.**

그렇다면 내가 자유롭고 행복하다는 것을 어떻게 알 수 있을까요? 분명 몸으로 감지되는 것은 아닐 겁니다. 나의 생각에, 다시 말해 나의 마음에 자유와 행복이 넘쳐야 합니다. 설령 그것이 얼마 지속되지 못하더라도, 일단 그 순간은 자유와 행복이 성취된 것입니다.

이제 본격적인 질문에 들어가겠습니다.
"나는 지금 자유로운가요?"
"나는 지금 행복한가요?"
행복에 대해서 생각해본 사람들은 가끔 있겠지만 '내가 자유로운가?'란 생각을 해 본 사람은 드물 것입니다. 또한 자신이 자유로운지 아닌지를 잘 모를 수도 있습니다. 누가 봐도 부자유스러운 상황인데 본인은 아무 생각이 없을 수도 있습니다.

내가 지금 어떤 단계에 있는지를 아는 것은 매우 중요합니다. '자유란 무엇이고 어떨 때 자유를 느끼는가'란 질문을 통해 자신의 위치를 가늠할 수 있을 것입니다. 또한 내가 지금 자유롭지 않다고 여겨진다면 더 자유로워질 방법이 있는지 생각해 봐야 합니다. 그리고 '자유란 무엇일까'란 궁극적 개념을 떠올려 보는 겁니다.

행복도 마찬가지입니다. 내가 느끼는 행복과 불행은 무엇인지, 불행하다면 어떻게 해야 벗어날 수 있는지 숙고해 보세요. 단순히 생각이나 관점만 바꾸면 될까요? 아니면 건강해져야 할까요? 혹은 돈을 벌어야 할까요?

처음에는 정답을 내기 어려울지도 모릅니다. 그러나 이렇게 질문을 시작하지 않으면, 자유와 행복이라는 개념을 무엇으로 어떻게 찾을 수 있겠습니까?

다음 질문으로 넘어가겠습니다.
"늘 자유롭고 행복한 삶은 가능할까요?"
이 질문의 맨 앞에 있는 '늘'이란 단어 때문에 대답이 망설여지는 분들도 있을 것입니다. 늘 행복할 것인가, 가끔 행복할 것인가? 이 질문도 중요합니다. 논리적으로 '늘 그렇기' 위해서는

'가끔 그런' 경우와는 다른 뭔가가 필요할 것입니다. 불교 공부를 하신 분들은 석가가 "늘 그러하냐?"라는 질문을 많이 했다는 사실을 알 것입니다. 세상만사가 변한다는 것貤을 깨우치려는 질문이었습니다.

이 책은 '늘 그러한 것'을 찾으려는 여정이라 할 수 있습니다. 도덕경은 '늘 그러한 것을 아는 것知常'이 '참깨달음明'이라고 주장합니다知常曰明. 그런데 늘 그러한 것이 있기는 할까요? 있다면 어떻게 찾아야 할까요?

- 나의 삶을 살아가며 모든 것을 판단하고 있는 나는 누구일까요?
  내가 알고 있는 자유와 행복에 관한 판단은 올바를까요?
  내가 알고 있는 나는 올바른 나일까요?
  내가 아는 내가 참인 내가 아니라면 참나는 누구일까요?

- 내가 나에 대해 잘못 알 수 있다면 나를 둘러싼 주변 사람, 사물, 환경 등은 제대로 판단하고 있을까요?

- 잘못된 지식, 정보에 기초해 우리의 삶을 스스로 판단해 불행해지는 일이 얼마나 많을까요? 극단적으로 표현하자면 정확한 판단에 의한 평가를 내리는 일이 있기는 한 걸까요?

2. 내가 아는 나는 참된 나일까요?

 모든 질문의 종착점이 있다면 바로 이것이 아닐까 합니다.
 '나는 누구일까요?'
 지금 이 책을 읽겠다고 판단했고 이 질문에 눈길을 던지고 있는 '나'는 도대체 누구일까요? 이 질문은 종착점이기도 하지만 어쩌면 시작점일지도 모릅니다. 그 대답에 따라 모든 것이 달라지기 때문이지요.
 여러분이 자신을 남과 철저히 독립된 존재라고 본다면, 우리의 삶 뒤에 다른 삶이 없다고 믿는다면, 눈에 보이는 자신이 정체성의 전부라고 생각한다면, 저는 이렇게 권해드릴 것입니다. "어떻게 해서든 남들보다 많이 가지세요. 법에 걸리지 않을 한도 내에서 남의 것을 빼앗아서라도 말입니다." 이게 솔직한 얘기 아닐까요? 이런 관점에서라면 '적자생존'이라는 법칙이 매우 당연해 보입니다.

이렇게 우리의 삶을 '일회용 인생'이라 생각한다면 하고 싶은 것은 다 해야겠지요. 삶에서 충족해야 할 것이 누군가에겐 명예욕이고 누군가에겐 권력욕, 누군가에겐 돈이나 이성에 대한 욕심일 수 있습니다. 각자의 목표는 다르겠지만 수단과 방법을 가리지 않고 그것을 쟁취해야 할 것처럼 보입니다.

그런데 이런 생각으로 맹렬히 욕구를 쫓아 사는 사람들을 찜찜하게 하는 것이 있습니다. 대표적인 것이 종교제도입니다.

불교는 이렇게 말합니다. '특별히 나라고 할 것이 없다.'

기독교는 이렇게 말합니다. '우리는 모두 하나님의 아들딸이다.'

이것이 비유나 상징이 아니라 진짜라면 어떨까요? 당장 믿어지지 않더라도 진짜라고 한번 생각해 보세요. 특별히 나라고 할 게 없는데 누구를 위해 더 많이 가지려고 하나요? 우린 모두 형제자매지간인데 형제자매의 것을 빼앗으려 해도 될까요?

많은 종교제도의 가르침들을 '내 것도 내 것, 네 것도 내 것'이라고 주장하는 사기꾼이나 사이비 교주의 이론으로 치부하고 외면할 것이 아니라면, 뭔가 그 속에 깃든 의미를 찾아야 합니다. 예수님은 '저 사람도 나이고, 이 사람도 나이니, 가장 어려운 사람에게 해주는 것은 자기에게 해주는 것이나 다름없다'라고 했습니다. 그리고 '네 이웃을 네 몸처럼 아끼라'고도 했지요. 예수님의 두 가지 말씀을 종합하면 '네 이웃은 정말 네 몸이니 사랑하라'일 것입니다.

하나님이 정말로 우리의 부모이고 우리가 다 같은 하나님의 자식들이라고 보는 사람과 자신을 다른 사람과 상관없는 독립된 존재로 보는 사람의 삶이 같을 수는 없을 겁니다. 그래서 '나는 누구일까'라는 질문은 '이뭣꼬'의 화두로만 유용한 것이 아니라, 나의 행복과 자유를 찾아갈 때도 매우 중요한 질문입니다.

여러분이 기독교 신자라면 '내가 하나님의 아들딸이라는 것이 진짜일까'를 가장 중요하게 따질 것이라 생각합니다. 불교 신자라면 '무아無我'라는 개념이 맞는지 가장 먼저 고민하겠죠. '무아'라는 말도 해석 나름으로 뜻이 아주 달라집니다. 내가 정말 없으면 대충 살다가 죽어도 그만일 겁니다. 하지만 무아는 그런 무아가 아닙니다. 내가 있긴 있는데, 특별히 분리되어 고정되어 있는 '나'라고 할 것이 없는 그런 '나'이기 때문입니다.

존재론에 관해서라면 데카르트의 유명한 말을 빼놓을 수 없겠지요.

'나는 생각한다, 고로 나는 존재한다.'

데카르트는 '나'라는 존재가 실재하는지, 존재의 존재성存在性이 무엇인지 깊은 고민을 합니다. 어떤가요, 불교에서 하는 공부와 거의 같지요? 그는 온갖 방법을 다 동원해서 탐구했는데도 자신이 실재한다는 것을 입증할 수 없었습니다. 그런데 나중에 보니, 그걸 고민하고 있는 '생각하는 나가 있더라'라는 겁니다.

이것은 엄청난 불교적佛敎的 사유思惟입니다. 어떤 분들은 데카르트가 깨닫지 못해서 기계론적인 철학을 주장했다는 식으로 말하는데, 제가 보기에 데카르트는 그 수준을 넘어섰습니다.

그의 탐구 방법 중 가장 중요하다고 알려진 것이 '명증성의 규칙'입니다. **내가 아는 것들을 일단 의심하고 회의해야 하고, 그렇게 해서 도저히 의심할 수 없는 것에 도달하는 것이 모든 학문의 시작이어야 한다는 주장입니다.** 불교에서 말하는 자명自明의 경지이지요. 아무나 도달할 수 있는 수준이 아닙니다. 존재를 증명하려고 애쓰다 보니 '생각하는 나는 존재하는구나'란 결론이 나온 겁니다.

데카르트의 논법은 지금부터 우리가 궁극적 진리를 찾아가는 길에서도 매우 중요합니다. **지금 내가 알고 있는, 혹은 알고 있다고 생각하는 모든 것을 의심해야 합니다.** 불교의 화두話頭5나 원불교의 의두(疑頭)와 마찬가지입니다.

그러니까 결국은 이런 질문을 하게 됩니다.
'나는 나를 제대로 알고 있는 걸까?'
이 질문은 필연적으로 다음 질문을 파생시킵니다.
'**내가 나에 대해 잘못 알 수 있다면, 나를 둘러싼 주변 사람, 사물, 환경은 제대로 판단하고 있는 걸까?**'
나에 대한 판단이 잘못된 것이면, 나를 통한 대상들에 대한 판단도 잘못된 것이라 봐야 이치에 맞습니다. 모든 문제를 이렇게 바라볼 수 있는 시각을 가져야 합니다. 하나가 잘못되면 그로부터 시작된 판단의 사슬은 다 잘못될 수 있습니다. 오류의 도미노라 할 수 있지요.

그렇다면 여러분이 지금 가장 불행하다고 느끼는 포인트는 무엇인가요? 그것은 진짜 '나'가 느끼는 불행이 맞긴 한가요? 우리는 많은 경우에 잘못된 지식이나 정보에 기초한 잘못된 판단으로 삶을 스스로 불행하게 만듭니다. 자신에 대한 정체성이 뭔지, 삶과 행복이 뭔지 잘못 판단하고 있다면, 아무리 객관적으로 행복의 조건을 갖추고 있다고 해도 자기 스스로는 한없는 불행의 나락에 떨어질 수 있다는 말입니다.

- 정확한 지식·이치에 맞는 지식이 있고, 이것을 표현하는 진리가 있고, 그 진리가 우리 판단력의 근거가 된다면, 우리의 삶과 세상을 정확히 볼 수 있을까요?

- 진리가 진리의 수준만큼 우리의 삶을 정확히 알게 한다면, 궁극적 진리는 우리의 삶과 세상을 극명하게 궁극적으로 알게 만들지 않을까요?

- 궁극적이며 근본적인 진리는 우리를 늘 자유롭고 행복하게 할까요?

- 그렇다면 궁극적이며 최고의 근본적인 진리는 무엇일까요?

- 그리고 그 궁극적인 진리는 어떻게 찾을 수 있을까요?

3 ──────── 진리란 무엇일까요?

 '진리란 무엇인가'라는 무거운 질문에 들어가기 전에, 우리가 어떤 자세로 진리를 대해야 할지부터 생각해 보겠습니다. 데카르트는 회의론자답게 이렇게 말했습니다.

 '존재하는 모든 것에 의심을 품고 접근하라. 진리라 이름하는 모든 교리에 역설적인 생각을 만들어 보라.' 덥석 믿어 버리지도, 앵무새처럼 외우지도 말란 얘깁니다. 진짜일 것 같은 느낌이 오더라도 가끔은 딴지를 걸면서 의심하는 자세가 필요합니다.

 데카르트의 말은 이어집니다. '그 생각의 너머에 존재하는 모든 것에 대한 탐구로 들어가 보라. 그래서 자신을 있게 한 존재 그 자체를 숙고해 보라.' 생각이란 한계를 확장해서 그 생각을 하고 있는 '나'와 '나'를 넘어서까지 가 보라는 말일 겁니다.

　세상에는 진리라고 추앙되는 것들이 있지만, 그것을 그대로 받아들여서는 안 됩니다. 머리로, 입으로 외운다고 해서 절대 자기의 것이 되지 않습니다. 암기를 통해 지식은 쌓일지 모르지만, 지식이 아무리 높이 쌓여도 그것이 지혜로 전환되지는 않습니다. 지혜란 자기의 체험을 통하여 승화된 것입니다. 스스로 소화한 진리여야 진정한 삶으로 이어집니다. '내 것이냐, 아니냐'는 삶에서 판가름난다는 얘깁니다.
　저는 언젠가부터 누군가의 말을 들을 때, 저 사람이 '알고 하는 소리인지 외워서 하는 소리인지' 알아차릴 수 있게 되었습니다. 정말 알고 하는 말은 체험이라는 든든한 토대를 갖고 있습니다. 체험이 없는 말은 모래 위에 쌓은 탑과 같습니다. 그러니 높은 곳 액자에 걸려 있는 '진리'라는 말들을 일단은 무비판적으로 무조건 받아들이지는 말자고 말씀 드립니다.
　석가, 예수, 무함마드, 노자, 장자 등등 성인과 깨달은 분들이 가르친 내용을 진리라고 배웠지만, 솔직히 그것을 '체험한' 분은 얼마나 될까요? 그냥 그렇다고 '알' 뿐입니다.

---

7) 노장사상의 핵심. 인간을 억압하고 속박하는 모든 인위적인 노력에서 벗어나 있는 그대로 자연의 섭리에 따라 사는 삶이 가장 이상적인 삶이라는 주장이다.

노자와 장자를 읽었다고 무위자연無爲自然이 체험되나요? 부처상 앞에서 삼천 배를 하면 부처님 말씀이 저절로 이해되나요?

아무리 절을 하고 부처님 공부에 존경심을 표한다 해도 달라지는 것은 없습니다. 어떻게 보면 이것도 우상偶像이 아닐까요? 물론 저는 불교 경전을 아주 좋아하는 사람이니 이 말을 오해하거나 꼬투리 잡지는 마시기 바랍니다.

제가 말하려는 요체는 '암기한 지식으로 정말 안다고 생각하는 일은 철저히 피해야 한다'는 겁니다. 그러지 않으면 삶 속에서 자유와 행복에 도달하는 궁극의 지혜를 얻어낼 수가 없기 때문이지요. 여러분이 원하는 것은 무엇인가요? 많은 지식인가요, 행복한 삶인가요?

'진리가 너희를 자유롭게 하리라'라는 기독교의 진리가 있다고 해 봅시다(앞에서 그냥 받아들이지 말라고 했으니 이렇게 가정해야 합니다). 궁극적인 진리에 도달하면 정말 궁극적인 자유와 행복을 맛볼 수 있을까요?

사실 그렇게 되어야 '자유로운 삶' 앞에 '늘'이라는 조건이 성립하겠지요. 욕구가 충족되는 순간 또 다른 욕구가 시작된다면, 그

것은 궁극적 자유와 행복을 주는 궁극적 진리라 할 수 없습니다.

　정확하고 이치에 맞는 지식이 있고 이를 진리라고 표현한다면, 우리가 그토록 알고 싶어 하는 우주宇宙의 진리眞理는 무엇일까요? 진리를 찾아가는 데는 두 가지 방식이 있습니다. 첫 번째는 제가 평소에 즐겨 쓰는 방식으로 사물을 바라보고, 거기서 느끼고 알아낸 것을 정리하고, 또 모자란 점을 보충하며, '참'을 찾아가는 것입니다. 두 번째는 궁극의 진리라 일컬어지는 것들을 명상이나 화두 잡듯 잡아서 진짜인지를 고민하는 방식입니다(궁극의 진리는 경전 속에 많이 쓰여 있습니다). 그러는 한편으로는 소위 진리를 가지고 그 뜻에 맞추어서 대상을 살펴보는 것입니다.

　두 가지 방식은 어떻게 보면 성리학性理學9이 얘기하는 격물치지格物致知10, 양명학陽明學11이 얘기하는 치양지격물致良知格物12과 비슷합니다. '격물치지'란 사물을 제대로 보고 관찰함으로써 만사를 일통一統하는 진리를 찾아낼 수 있다는 성리학의 관점입니다. 양명학은 이와 반대로 '치양지격물'을 주장합니다. 즉 모든 것을 일통하는 지혜, 즉 양지良知를 찾고 나서 그 양지로 사물을 바라보면 주안점이 달라지고 사물을 있는 그대로 볼 수 있다는 것입니다.

　'치지'와 '격물'의 순서만 뒤바뀐 것이 아니라, 성리학의 지知가 양명학에서는 양지良知로 대체되었습니다. 성리학이 양명학을 배척한 이유 중 하나가 '양지良知' 개념인데, 그것이 불교의 관점과 유사하기 때문이었습니다.

아무튼 진리를 추구하는 데는 두 가지 방식이 있는데, 저는 이 둘을 섞어 쓰는 것을 권합니다. 사물마다 하나하나에 원리가 들어 있으니, 자신에게 만만한 것을 하나 선택해 들여다봐도 괜찮습니다. 저의 경우는, 그 방법만 썼다가는 제가 죽기 전에 진리를 알 수 없을까 염려되어 성인聖人들이 주장하는 바도 열심히 공부했습니다. 두 가지 방식을 다 활용해서 공부하고 서로 맞춰 봤다는 얘깁니다.

그러면 지금부터 '늘 자유롭고 행복한 삶'을 위해 꼭 짚어 봐야 할 개념과 가르침, 수행법들에 대해 찬찬히 알아보겠습니다.

2장

자유롭고
행복한
삶의 비밀

- 자유(自由, Freedom)
  외부적인 구속이나 무엇에 얽매이지 않고 자기 마음대로 행동하는 일, 또는 그러한 상태 - 네이버

- 自 + 由   自 → 自然, 自在, 無自性, 自性

- 무애(無礙)
  막히거나 걸리는 것이 없음 - 불교
  freedom from all obstacles - 네이버
  一切無礙人(일체무애인) 一道出生死(일도출생사) - 화엄경

- 진리가 너희를 자유롭게 하리라. - 요한복음 8장 32절

1   자유

자유自由, Freedom, 철학의 영원한 주제입니다.

사전적 정의는 이렇습니다. '외부적인 구속拘束이나 무엇에 얽매이지 않고 자기 마음대로 행동하는 일. 또는 그러한 상태.'

사전에 쓰인 자유의 의미에는 토를 달기 어렵지만 '약간의 구속이 있어야 행복하지 않은가'란 반론을 제기하는 사람들도 분명 있습니다. 무엇에 얽매이지 않는 상태는 고급 수련자들의 꿈인데, 그것이 행복의 조건이라고 하는 사람도 있습니다. 구속이 행복인 사람도 있고, 거기서 벗어나는 것이 행복인 사람도 있으니. 각자가 자유란 단어에 대해 갖고 있는 느낌과 관점이 다르다고 해석할 수밖에 없습니다.

일단 남자는 남자로서의 한계가 있어서 여자의 마음을 헤아리는 데 한계가 있습니다. 여자 역시 여자로서의 한계 때문에 남자의 행동을 이해하기 어렵습니다. 대화를 통해 어느 정도 해결할 수는 있겠지만 완전한 공감이란 거의 불가능에 가깝습니다.

여자가 원하는 자유와 남자가 원하는 자유는 그들의 겉모습만큼이나 다릅니다. 고부갈등을 겪는 아내를 이해 못하는 남편이나 가정보다 일을 우선시하는 남편을 이해 못하는 아내나 피차일반인 것입니다. 한 공간에서 내밀한 이야기들을 공유하며 살아가는 부부도 그렇습니다. 자유와 구속의 문제를 굉장히 다르게 느끼며 살아가는 것이지요.

자유의 한자어는 '스스로 자自'에 '말미암을 유由'입니다. 스스로 말미암는다, 즉 자기로부터 말미암는다는 의미입니다. 타인이나 다른 존재에 의해 영향 받지 않고 오로지 자신에게만 영향을 받으며 스스로 행하는 것입니다. 자유란 개념을 탐구하다 보면 이렇게 '자기'란 것과 마주치게 됩니다. 그렇다면 오로지 자신, 스스로의 자기란 무엇일까요? 나는 부모의 자식이고, 내 아이의 부모이고, 한국인이고, 지구인이고, 우주인입니다. 각각 다른 층위들이 겹쳐진 존재가 나입니다. 여기서 '스스로 자自'에 주목해야 합니다.

자연自然, 자재自在란 단어에 들어 있는 자自는 우주적 콘셉트입니다. 자연으로 뉘앙스를 가진 것은 스스로 그러합니다. 여기에 '나'를 대입해 보면 우주, 자연, 무아일 때의 나(자기, 자신)는 성경이 말하는 '스스로 존재하는 나(I am that I am)'입니다.

불교 공부를 하셨다면 무애자재(無碍自在)니 관자재보살(觀自在菩薩)이니 하는 말을 자주 들어보셨을 겁니다. 이 자재(自在) 역시 대단한 개념입니다. 스스로 존재한다는 개념을 한자로 바꾸면 자재(스스로 自+있을 在)입니다. 다른 존재에 의해 만들어진 것이 아니라 스스로 존재하는 것이지요.

그런데 불교에서는 무자성(無自性)을 말할 때도 이 자(自)란 글자를 씁니다. 공(空)의 개념을 설명할 때도 '자성을 넘어서 무자성이어야 한다'고 말합니다. 여기서 무자성은 개인적인 특성을 넘어선 것을 말합니다. 지금까지 말해온 자(自)의 의미와는 분명히 다릅니다. 오히려 개성(個性)의 개(個)와 유사한 개념입니다. 불경(佛經)에도 '자(自)'가 두 가지 의미로 사용됩니다. 불교 공부할 때 어떤 때는 마음을 집중하라고 하고, 어떤 때는 마음을 버리라고도 하는 것도 이런

2장 자유롭고 행복한 삶의 비밀 · 71

맥락에서 이해해야 합니다.

    법法이라는 단어도 진리眞理를 가리킬 때가 있고, 개인의 신념信念을 가리킬 때가 있습니다.15 그래서 경전을 이해할 때는 매우 조심스러워야 합니다. 특히 자自란 글자는 중요한 만큼 더욱 조심해야 합니다. 많은 사람들이 불교에서 말하는 자성自性과 무자성無自性을 헷갈려 합니다. 자성의 자自와 무자성의 자自가 다른 의미를 갖고 있기 때문입니다. 개인적으로는 자성이라는 개념이 그 자체로 충분하기 때문에 무자성이란 용어를 굳이 쓸 필요가 없다고 생각합니다. 이렇게 글자 하나도 쓰는 사람에 따라 완전히 달라진다는 것을 아셔야 합니다.

    불교에서 많이 쓰는 말 중에 무애無碍를 빼놓을 수 없습니다. 무애를 말 그대로 해석하면 '막히거나 걸리는 것이 없음'인데, 원효대사는 생사生死를 넘어서는 것이 무애라 했습니다. 인간에게 있어 가장 큰 문제인 생사에 걸림이 없다면 어떤 것에도 걸림이 없음을 의미합니다. 원효 사상을 원융圓融이니 화쟁和諍이니로 표현하지만, 사실 원효대사에게는 '언제, 어디서나, 어떤 것이나, 어떤 상황에서나' 막히거나 걸림이 없는 무애가 삶의 목표이기도 했습니다

---

15) 불교에서 법法은 정말 다양한 의미로 사용된다. 진리, 붓다의 가르침, 이치, 상태, 현상, 본질, 개념, (의식의) 대상, 존재 일반 등등이다.

다. 원융과 화쟁을 익혀야 비로소 무애가 달성될 수 있기 때문입니다.

'진리가 너희를 자유롭게 하리라'라는 경전의 문구를 모르는 분은 없으시겠지요. 그러나 진리란 '나'를 무엇이라고 정의하고 인식하느냐에 따라 달라진다는 사실 또한 분명합니다. 자유의 개념 또한 여기서 벗어나지 못합니다. 100명이 '자유'라는 단어를 썼을 때, 자유라는 개념 역시 100개라고 봐야 합니다.

우리는 글을 쓰고 말을 하면서 단어를 고르는 데 고심합니다. 단어를 선택하면 뜻이 확정된다고 생각하기 때문입니다. 하지만 같은 단어를 쓴다고 같은 생각을 하는 것은 아님을 알았을 것입니다. 깨달음과 수련을 얘기하면서 왜 자꾸 단어 얘기를 하냐고 의아해할 수 있습니다. 마치 국어 공부를 하는 것 같을 수도 있고요.

그렇습니다. 저는 수련이라는 것이 단어 공부가 아닌가 생각할 때가 많습니다. '나는 이 단어의 의미를 무엇이라 생각하는가'에 대한 탐구가 바로 화두이고 수련이 아닐까요?

도덕경은 '도가도비상도道可道非常道, 명가명비상명名可名非常名'이란 유명한 구절로 시작합니다. 그런데 이 구절을 잘못 해석한 책들이 많아서, 아래에 제가 번역한 내용을 소개합니다.

'도라고 개념 지을 수 있는 것을 도라 부르면 늘 원래 개념의 도로 이해되는 경우가 드물고, 어떤 개념을 이름 지어 부르면 늘 원래 개념의 이름으로 통용되는 경우가 거의 없다.'

수련하는 분들이 이 구절을 인용하면서 '글로 쓰고 말로 하는 것'을 폄훼하는 경향이 있습니다. 교외별전敎外別傳, 염화시중拈華示衆처럼 말을 떠난 것을 더 중시하는 것이지요. '도가도비상도'를 '도를 도라 하면 이미 도가 아니다'라고 잘못 번역한 책을 접해서 그렇다고 생각합니다.

그런데 그분들은 '도가도비상도'에 이어지는 다음 구절을 놓치고 있습니다.

'차양자동此兩者同 출이이명出而異名 동위지현同謂之玄 현지우현玄之又玄 중묘지문衆妙之門'

무명無名과 유명有名 이 두 가지는 결국 같은 것이고 이름이 다를 뿐이라고 했습니다. 그것이 현묘하고도 현묘하다고요.[16] 그러니 같아야 됩니다. 말과 글이란 사용하는 사람이 의도한 본래 의

---

16) 도덕경 1장 원문은 다음과 같다. 道可道非常道 名可名非常名 無名天地之始 有名萬物之母 故常無欲以觀其妙 常有欲以觀其徼 (此兩者同 出而異名 同謂之玄 玄之又玄 衆妙之門). 해석은 여러 가지로 할 수 있다. 괄호 부분을 '이름을 붙이거나 붙이지 않거나 이 두 가지는 결국 같은 것이고 이름이 다를 뿐이다. 이름이 없어도 신비하고 이름을 붙여도 신비하다고 한다. 신비하고 또 신비하니 여러 묘함이 나오는 문이다'라고 해석할 수 있다. 말로 표현하든 안 하든 그 가리키는 바는 같다는 것이다.

17) 화두선, 다시 말해 간화선(看話禪)은 송나라 때 임제종(臨濟宗)의 선승(禪僧)인 대혜종고(大慧宗杲: 1089~1163)가 확립하고 강조한 수행법. 대혜는 화두를 의심하는 데 모든 정신 자원을 모아서 화두에 대한 의심을 깨뜨리는[打破] 간화선이 깨달음에 이르는 최고의 방법이라고 역설함으로써, 동시대 천동정각의 수행법인 묵조선에 대해 간화선의 우위를 확립했다. 이후 중국 선종(禪宗)의 주류 수행법은 간화선이 되었고, 중국 임제종을 이었다고 주장하는 한국 불교(조선시대)에도 이런 풍조가 이어졌다.

미에 도달해야 합니다. 화두선話頭禪으로 잡든 명상冥想으로 잡든, 원래 쓴 사람이 의도한 의미를 찾아내야 합니다. 그게 묵조선默照禪이든 무슨 선이든 마찬가지입니다. 선禪이란 말의 본래 의미가 홀로 고요히 사유思惟하는 것 아닌가요?

여러분은 사유를 무엇으로 하나요? 말이나 글일 겁니다. 즉, 어떤 언어적 도구 없이 사유가 가능할까요? **태어날 때부터 들어온 것이 언어이기 때문에 언어가 아니고는 생각을 표현할 방법이 별로 없습니다. 자신이 쓰는 용어를 분명히 하지 않으면 제대로 된 개념을 정립할 수 없는 이유입니다.**

원효대사는 진어眞語를 이언진어離言眞語와 의언진어依言眞語로 구분했습니다. 단순하게 해석하자면 진리에는 '말을 떠난 진리'와 '말에 의지한 진리'가 있다는 것입니다. 저는 의언진어依言眞語

로써 이언진여離言眞如를 제대로 설명할 수 있도록 언어의 사용이 분명하고 철저해야 한다고 생각합니다. 화자話者가 원래 이야기하려고 한 것까지 이해해야 합니다.

지금 우리는 '자유'가 무엇인지에 대해 탐구하기 위해서는 자유의 주체인 '나'가 무엇인지부터 정립해야 된다는 것을 말하고 있습니다. 불교에서 말하는 '나'는 동물성을 지닌 인간의 차원을 넘어섭니다. 개인에 국한되지 않고, 언제나 있으며 어디에나 편재하는 존재입니다. 어디에나 있어서 무상無常하고 특정特定할 수 없는 존재, 즉 무아無我입니다. 이처럼 나를 '무아'라는 궁극적인 개념으로까지 확장한다면 자유란 개념 자체도 굉장히 달라질 것입니다.

지금은 여러분께서 '지금까지 내가 생각해온 개념들(자유를 포함해서)이 궁극적인 것은 아니구나' 정도만 이해하셨으면 충분합니다. 다음 개념으로 넘어가겠습니다.

• 행복(幸福, Happiness)
① 욕구가 충족되어 충분한 만족과 기쁨을 느끼는 상태 - 네이버
② 모든 욕구가 충족되어 열정과 욕망으로부터 자유로운 상태 - 설영상

에피쿠로스(Epikuros) 학파나 공리주의(功利主義)에서는 행복을 쾌락과 같은 것이라고 하여 고통이 없는 상태를 의미하였고, 아리스토텔레스는 인간의 본질인 이성이 제 기능을 다하고 있는 상태를 뜻하였으며, 칸트(I. kant)는 자아의 결정에 의하여 자기 존재의 충족성과 조화를 의미하는 인격의 동일성이 성취된 상태라고 하였다. 흔히 종교적 세계관에서 초현실적 열락(悅樂)의 상태를 행복이라고 한다. - 교육학 용어사전

2 ———————————— 행복

기업, 단체, 공공기관 등의 슬로건이나 캐치프레이즈에서 가장 많이 쓰이는 단어가 '행복' 아닐까 생각합니다. 역설적으로 행복한 사람이 거의 없다는 방증입니다. 다음 주제는 바로 과소비되고 있는 단어 '행복'입니다.

잠깐 책 읽기를 멈추고 '사전에서 행복을 찾아보세요'라고 말한다면 대부분은 곧바로 스마트폰을 집어 들고 국어 사전을 검색할 것입니다.

'욕구가 충족되어 충분한 만족과 기쁨을 느끼는 상태'라고 나와 있습니다. 저는 이것을 다음과 같이 바꿔보았습니다.

'모든 욕구가 충족되어 열정과 욕망으로부터 자유로운 상태'

둘의 차이를 아시겠습니까? 네이버 사전에서 말하듯, 만족과 기쁨을 느끼는 상태가 행복이라면 그 행복한 느낌이 지속되는 순간은 대부분 오래가지 않습니다. 100만 원을 원했던 사람은 그것이 손에 들어오게 되면 그 다음에는 1,000만 원을 꿈꿀 테니까요. 사막에서 갈증으로 죽어가는 사람은 물 한 잔을 간절히 원하지만, 그것이 충족되어 행복한 상태는 몇 분이면 끝날 것입니다. 좋은 대학, 좋은 직장에 들어가기 위해 열심히 노력한 사람도 마찬가지입니다. 그 욕구가 이루어져서 행복한 상태는 길어야 1년이나 갈까요?

그래서 네이버 사전에서 말하는 행복의 정의에 중요한 요소라 생각되는 두 가지를 보탰습니다.

'모든' 그리고 '자유로운'입니다.

간절히 원하는 어떤 것을 이루면 최대의 기쁨과 희열을 누리지만, 조금 지나면 그게 일상이 되고 당연한 것이 됩니다. 당연한 것은 그냥 그런 것처럼 느껴져 별로 행복하지 않습니다.

예를 들어 희망했던 A대학에 들어갔다 칩시다. 합격의 기쁨은 잠깐이고, 그 안에서의 경쟁과 공부의 어려움, 취업 등등 고민거리는 끝도 없이 이어집니다. 여기서 잠시나마 새로운 행복을 느끼려면 공부를 잘해서 올 A를 받거나, 논문이 해외 유명 저널에 실리던가, 조기졸업을 하거나 해야 합니다. 물론 이 또한 오래가지 않습니다. 만약 새로운 것을 배우고 깨달아 가는 데 행복을 느낀다면 대학생활 내내 꽤나 행복할 테지만, 주변을 살펴봐도 그런 사람은 찾기 어렵습니다.

재미있는 사례가 하나 있어 소개하겠습니다. 몇 년 전, 유럽의 대학에 재학 중이던 한국 청년 하나가 국제적인 논문상을 수상했습니다. 누가 봐도 굉장한 일이지요. 그런데 국내 언론과의 인터뷰에서 그 청년이 한 말은 의외였습니다. "제가 쓰고 싶은 것을 썼더니 상을 주지 않았어요. 그런데 심사위원들이 뭘 좋아할까를 생각하고 썼더니 수상을 하게 되었습니다." 모두가 마땅히 행복할 것이라고 생각한 그 순간에도 청년은 별로 행복하지 않았던 겁니다.

그러니 살면서 느낄 만한 모든 욕구가 충족된다면, 그래서 욕구로부터 자유로운 상태가 된다면 궁극적으로 행복할 수 있지 않을까 생각합니다. 제가 행복의 정의에 '모든'과 '자유로운'을 추가한 의미를 이제 이해하시겠습니까?

저는 여러분께서 궁극적인 행복과 자유를 찾길 바라지만, 그것이 안 되더라도 자주 행복하고 자주 자유롭기를 바랍니다. 그러기 위해서는 내가 추구하는 자유와 행복이 무엇인지 그 개념을 '분명히' 해야 합니다. 잘 살기, 돈 벌기처럼 막연한 개념보다는 가능하면 명확한 단어로 표현하는 게 좋고, 그것이 충족되면 행복이라 여겨야 합니다. 그런데 한국인들은 행복의 기준이 '나'에 있지 않고 '남'에 있기 때문에 이게 더 어렵습니다. 주변의 사람들이 인정해주는 상태에 도달하지 않으면 행복한 것이 아니라고 느끼는 사람들이 많다는 의미입니다.[21]

행복과 불행의 판단을 남과 비교하거나 의지하는 버릇은 아주 어릴 적부터 시작된 것이어서 여간해선 고치기 어렵다는 게 더 큰 문제입니다. 왜 그럴까요? 자기가 만든 틀에서 벗어나는 데는 엄청난 용기와 에너지가 필요하기 때문입니다. 남이 만든 감옥에서 탈출하는 것이 훨씬 쉽습니다. 왜냐하면 **자기가 만든 잘못된 습관은 그것이 틀이고 감옥이란 사실조차 인지하기 어렵기 때문이고, 인지했더라도 익숙함을 버리려면 엄청난 두려움과 싸워야 합니다.**

그렇다면 철학자들은 행복을 어떻게 정의했는지 살펴볼까요?

---

[21] 신념이 정서와 행동에 영향을 미친다는 가설 위에 합리적 정서치료이론[REBT(Rational Emotive Behavior Therapy)]을 개발한 앨버트 엘리스에 따르면, 사람을 불행으로 이끄는 불합리한 신념 11가지 중 첫 번째는 다음과 같다.
"자신을 가치 있는 사람이라고 생각하기 위해서는 자신이 중요하다고 여기는 모든 사람들로부터 사랑과 인정, 또는 존경을 받아야 한다."

[22] 헬레니즘 시대에 시작되어 로마 전기까지 성행한 철학의 한 유파. 쾌락주의를 강조한 것으로 알려져 있으나, 이들이 주장하는 쾌락은 물질이나 감각에 기반한 욕구의 무절제한 충족이나 그에 따른 신경의 흥분과는 거리가 멀다. 에피쿠로스가 쓴 편지에는 다음과 같은 내용이 있다.
"내가 말하는 쾌락은 몸의 고통이나 마음의 혼란으로부터 자유다. 왜냐하면 삶을 즐겁게 만드는 것은 계속 술을 마시고 흥청거리는 일도 아니고, 욕구를 만족시키는 일도 아니며, 오히려 모든 선택과 기피의 동기를 발견하고 공허한 추측들을 몰아내면서 멀쩡한 정신으로 헤아리는 것이기 때문이다."

금욕주의로 알려진 스토아학파와 쾌락을 추구하는 에피쿠로스 학파라면 완전히 정반대의 얘기를 할 것 같은데, 놀랍게도 이 둘은 행복에 대해 거의 유사한 정의를 내리고 있습니다.

인간의 가장 이상적 상태를 스토아학파는 '아파테이아'로 정의하고 에피쿠로스 학파는 '아타락시아'로 정의하는데, 이 둘은 공히 마음의 동요와 감정의 혼란이 없는 상태, 즉 평정심, 부동심을 강조하고 있습니다.

대부분의 사람들은 할 일이 있고, 적당히 돈이 있고, 건강하고, 적당히 정서적 욕구가 만족되는 상태를 '행복하다'라고 표현합니다. 그런데 적당하다는 기준 자체가 모호할 뿐 아니라, 거기에 도달하는 즉시 그 기준은 상향 조정되는 경향이 있습니다. 마치 머릿속에 그렇게 자동 조정되는 프로그램이 깔려 있는 것 같습니다.

주식 투자자들이라면 공감이 더욱 쉬울 테지요. 주식 얘기가 나왔으니 말인데, 평정심을 시험하는 데는 이만한 것이 없습니다. 주식이야 오르내리는 게 당연한 일인데도 뚝뚝 떨어지는 주가를 보면서, 반 토막 난 통장을 보면서 동요하지 않을 사람이 얼마나 있을까요?

투자금의 2배로 키우는 게 소원인 사람이 있다고 해봅시다. 정말로 그런 일이 벌어지면 엄청나게 행복하겠지만, 옆에서 비트코인으로 50배 벌었다는 사람의 말 한마디에 그 행복감은 와르르 무너집니다. 행복의 절정에서 불행의 나락으로 떨어지는 데 몇 초도 걸리지 않습니다. 이처럼 행복의 기본이라고 하는 평정심을 유지하는 일은 현실에선 무척 어렵습니다.

철학의 중요 주제 중에서도 중요한 하나가 행복이고 많은 철학자들이 행복을 정의했지만, 개인적으로 매우 흥미로웠던 것은 아리스토텔레스의 정의입니다. '인간의 본질인 이성理性이 제 기능을 다하고 있는 상태'가 행복이라는 겁니다. 이 말은 엄청난 논란을 예고합니다. 인간의 본질이 이성이라는 전제에 대한 점검부터 필요하기 때문입니다. 앞에서도 얘기했듯이 '나'를 무엇이라 생각하느냐에 따라 인간의 본질은 이성이 아니라 '감정'이 될 수도 있습니다.

우리는 앞에서 자유와 행복이 무엇인가에 대해 이런저런 얘기를 했습니다만, 그것이 다 부질없는 일일 수도 있습니다. '나'란 좌표를 어디에, 어떻게 찍을 것인가에 따라 모든 것이 달라지기 때문입니다. 그렇습니다, 모든 철학과 수련의 중심점은 '나'로 귀결됩니다. 그래서 다음 주제는 이 어렵고도 어려운 '나'입니다.

- 나는 누구인가? 탐구의 주체이면서 객체

- 물속의 물고기가 물을 잘 아는 듯하지만 물 밖에서의 물을 알기는 어려운 것과 같이 객관적인 관찰은 정말 어렵다.

- 개인, 가족 구성원, 동네 구성원, 고향 구성원, 거주 공동체 구성원, 도시 구성원, 국가 구성원, 각종 단체 구성원, 아시아 구성원, 지구 구성원, 태양계 구성원, 은하계 구성원, 우주 구성원

※ 너 자신을 알라, 그러면 신과 우주를 알 수 있으니… – 델포이, 아폴론신전

3 ──────────── 삶의 주체,
나

　물속에 사는 물고기에게 '물이 무엇인가'라고 물으면 어떤 대답을 할까요? 그 물고기가 물 밖으로 나왔을 때도 그 대답이 여전히 유효할까요?
　'나는 누구인가' 혹은 '나는 무엇인가'란 주제가 어려운 것은 내가 탐구의 주체이면서 객체이기 때문입니다. 평생 '이뭣꼬'란 화두 話頭를 들고 앉아 있어도 알아내기 어렵습니다. 나란 존재 하나만 바라보는 것도 어려운데 나와 관련된 주변, 더 나아가 궁극적인 것까지 따진다면 더욱 지난至難한 문제입니다.

나는 나의 가족, 동네, 나라, 지구, 우주의 구성원입니다. 내가 그중 어디를 중심으로 바라보느냐에 따라 서로 다른 관점이 나올 겁니다. 우리가 흔히 쓰는 외계인이란 단어를 생각해 보세요.

어디까지가 내계內界이고 어디부터가 외계外界일까요? 지구 밖이 외계일까요, 태양계 밖이 외계일까요? 아니면 태양계가 속한 성단 밖이 외계일까요?

지금은 지구 밖의 존재를 외계인이라 부르지만, 앞으로 태양계를 자유롭게 왕래하게 되는 날이 오면 태양계 밖의 존재를 외계인이라 불러야 할 겁니다. 그러다 보면 언젠가는 외계인이란 말이 없어질 날도 오지 않겠습니까?

너 자신을 알라.

소크라테스의 명언으로 곧잘 오해되는 말입니다. 많은 사람들이 오독誤讀하는 말이기도 하고요. 사실 이는 델포이에 있는 아폴론 신전에 쓰인 말인데, 이 뒤에 어떤 문장들이 연결되어 있는지 아십니까?

그러면 신神과 우주를 알 수 있으니…

정말 멋진 말입니다. 자신을 알면 신과 우주를 알 수 있다고는 표현되어 있지만, 거기에 시차는 존재하지 않을 듯합니다. 자신을 아는 것이 신과 우주를 아는 것이고, 그 반대도 성립할 것입니다. 여기에서 부분적인 이해란 존재하지 않기 때문입니다.

하지만 순서는 '나'부터인 것이 바람직합니다. 깨달음에 이르지 못한 나에겐 '신과 우주'보다는 '나'가 더 쉽고 명확하기 때문이지요. '나'를 어떻게 정의하느냐에 따라 내가 추구해야 할 자유와 행복의 조건이 달라집니다.

여러분이 스스로를 '작은 나'라고 본다면 작은 행복, 작은 자유를 추구하면 됩니다. 나는 지금 왜 행복하지 못한지, 내가 누리고 싶어 하는 행복의 수준이 무엇인지 명확하게 규정하는 것으로부터 시작하세요.

그런데 여러분이 자신을 보다 큰 '나', 참나라고 정의했다면 궁극적 진리를 찾아야 합니다. 그래야 늘 자유롭고 행복할 수 있을 테니까요.

※ 궁극적인 최고의 가르침, 제1공리, 만물이론, 통일장이론 : 宗敎 ※

- 天命之謂性 率性之謂道 修道之謂敎 — 中庸
  천명지위성 솔성지위도 수도지위성

- 一卽多 多卽一 重重無盡 — 화엄경
  일즉다 다즉일 중중무진
  → 法界緣起(법계연기), 緣起無礙門(연기무애문)

  一中一切多中一 一卽一切多卽一 一微塵中含十方
  일중일체다중일 일즉일체다즉일 일미진중함시방
  一切塵中亦如是 無量遠劫卽一念 一念卽是無量劫
  일체진중역여시 무량원겁즉일념 일념즉시무량겁
  — 法性偈(법성게)

- 宇我一體 梵我一如, Avatar — 힌두교
  우아일체 범아일여

- 나는 아버지 안에 있고, 아버지는 내 안에 계신 것을 네가 믿지 아니하느냐. — 요한복음 14장 10절

내가 아버지 안에, 너희가 내 안에, 내가 너희 안에 있는 것을 너희가 알리라. – 요한복음 14장 20~21절

하나님도 한 분이시니 萬有의 아버지시라. 만유 위에 계시고, 만유를 통해서 일하시고, 만유 안에 계시는도다. – 에베소서 4장 6절

- 신 = 자연 = 이성(Logos) – 스토아학파

- 元神(원신)과 識神(식신) – 太乙金華宗旨(태을금화종지)

- 人乃天(인내천) – 東學

- 性 命 精 – 三一神誥(삼일신고)

德이 있는 자: 善惡의 경계를 넘은 자, 見性한 자, 道를 알고 실행하는 자

- Holism(全一主義) – J.C. Smuts(1870~1950)

※ 得道(득도), 道通(도통), 見性(견성), 大悟(대오), 大德(대덕), 性通功完(성통공완), 解脫(해탈), 부처

4   궁극의 진리

Religion을 종교로 번역하는 것이 합당할까요?

뜬금없는 질문처럼 보이지만 여기에는 많은 생각할 거리가 숨어 있습니다. 우리가 당연하게 여기고 사용하는, 외국어를 번역한 한자어들 태반이 일본 학자들의 작품이란 사실을 아십니까? 宗敎 역시 일본 학자가 religion을 번역한 것입니다.

사전에 의하면 religion이란 영어 단어는 '무한, 절대의 초인간적인 신을 숭배하고 신성하게 여겨 선악을 권계勸誡, admonition하고 행복을 얻고자 하는 일을 말한다'라고 되어 있습니다. 반면 한자어에서의 宗敎란 마루 종宗, 가르칠 교敎가 합쳐진 것으로 최고의 가르침, 궁극의 진리를 뜻합니다. 확연히 다르지요?

그렇다면 기독교, 불교, 힌두교, 이슬람교는 단순히 그 신자들만 믿어주는 religion에 불과할까요, 아니면 글자 그대로 宗敎란 단어에 걸맞게 궁극의 진리를 포함하고 있을까요? 만약 후자라면, 우선적으로 서로 간에 내용의 일관성이 있어야 할 것입니다. 그렇지 않다면 모두 진리가 아니거나 적어도 하나는 진리가 아닐 것입니다.

사실 宗敎란 한자어가 처음 쓰인 것은 훨씬 오래 전으로, 그 출처는 능가경楞伽經입니다. 산스크리트어 'Siddhanta Desana(근본이 되는 가르침)'를 종교宗敎라 한역漢譯한 것입니다. 저는 능가경에서 말하는 '종교'가 지금부터 우리가 말하려는 궁극의 진리에 가장 가깝다고 생각합니다.

진리 앞에 '궁극의'라는 수식어를 붙인 이유는 그보다 하위의 다른 진리들을 설명할 수 있기 때문입니다. 그러니 얼마나 중요한 걸까요? 궁극의 진리를 달리 표현하면 종교宗敎이고, 만물의 이론 이고, 제1공리이며, 통일장 이론입니다.

중용 제1장에는 천명지위성 솔성지위도 수도지위교란 말이 나옵니다. 우주의 질서가 성이고, 그를 따르는 것이 도이며, 도를 닦는 것이 가르침이라는 뜻입니다. 여기서 말하는 가르침이 종교와 같은 '궁극의 가르침'이겠지요.

그런데 궁극의 진리를 말함에 있어 기준이 되는 개념이 있어 소개하겠습니다.

일즉다 다즉일 중중무진 一卽多 多卽一 重重無盡

불교식 우주관을 표현한 말이지만, 기독교식으로 전환해도 무리가 없습니다. 다多는 기독교에서 말하는 만유萬有와 같습니다. '전체인 하나는 그 하나의 구성요소들인 존재하는 모든 것만유이고, 만유는 곧 전체인 하나인데, 그것이 구조적으로 근원의 근원을 찾아 작은 수준까지 내려가도 계속해서 그러하다'는 말입니다. 이를 '모든 것 안에 본질이 들어 있다'로 해석하면 원 뜻의 이해에는 조금 부족하다 하겠습니다. 모든 것은 그대로 본질적이라는 의미까지 담고 있으니까요.

화엄사상을 이어받은 신라 시대의 의상 대사가 쓴 법성게法性偈

---

25) 지금까지 알려진 모든 자연 법칙(물리적 현상과 그들의 관계)을 완벽하게, 그리고 통합적으로 설명할 수 있는 가상의 이론을 말한다.
26) 어떤 지식이 참이 되려면 근거가 필요한데, 그 근거의 근거를 소급했을 때 더 이상 증명하기 어려운 명제에 다다르면 그것이 바로 공리(公理, axiom)다. 본래의 특성이나 자명함에 근거해 일반적으로 받아들일 만하다고 인정되는 제1원리, 규칙, 준칙 등을 말한다.
27) 인간이 알고 있는 모든 자연의 힘을 하나의 물리 이론으로 통합하려는 접근 방식으로, 앞에서 말한 만물의 이론과 대동소이하다. 현재까지 알려진 자연계의 4가지 힘인 중력장, 전기장, 자기장, 핵력장이 동일한 근원을 가진다는 자연철학이다.

에도 같지만 또 다른 표현이 등장합니다.

일중일체 다중일

하나 안에 모든 것이 있고, 존재하는 모든 것에 그 하나가 들어 있다는 뜻이지요. 따지고 보면 홀로그램 사진의 원리와도 비슷합니다. 보통 사진은 한 부분을 자르면 그 부분밖에 보이지 않습니다. 그런데 홀로그램 사진은 원판의 한 부분을 자르면, 그 작은 부분에도 원판의 전체 그림이 다 나옵니다. 가운데를 잘라도 귀퉁이를 잘라도, 손톱만큼 잘라도 손바닥만큼 잘라도 똑같이 전체 그림이 나오는 겁니다. 부분 속에 전체가 있을 수 있음을 보여주는 증거입니다. 그런데 우주의 원리가 인간이 만든 홀로그램보다 못할까요?

우주를 구성하는 모든 요소들 안에는 전체인 우주가 들어 있고, 모든 구성요소들은 맞물려 끝없이 돌아가고, 구조적으로 제일 작은 수준까지 내려가도 계속해서 그러합니다. 이것이 바로 화엄의 세계입니다. 티끌 하나에도 전체인 그 '하나'가 들어가 있습니다. 그것을 신이라고 할지, 우주라고 할지, 자연이라고 할지는 모르겠지만 거기서 벗어날 재간이 없음은 분명합니다.

'일중일체 다중일' 다음에는 아래의 문구가 나옵니다.

일즉일체 다즉일 一卽一切 多卽一

같은 개념을 반복해 말하고 있는 것처럼 보이나요? 전혀 그렇지 않습니다. 이 문장은 더욱 정확하고 직접적으로 '같다equal'는 의미를 전달합니다. 공식으로 표현하면 아래와 같습니다.

$$一 = 一切 = 多$$

일중일체 다중일 一中一切 多中一 과 일즉일체 다즉일 一卽一切 多卽一 의 차이를 이해하기 위해 다시 홀로그램 사진을 예로 들겠습니다. 홀로그램 사진의 한 부분이 전체를 담고 있는 것은 사실이지만, 작아진 비율만큼 사진이 흐려집니다. 우주가 홀로그램 원리에 의해 만들어졌다면, 우주에 존재하는 만유多의 크기에 따라 해상도가 달라진다는 뜻이 됩니다. 모두 동감하듯이 우리는 우주에 비해 작고도 작은 존재입니다. 그렇다면 우리 속에 깃든 '전체'는 수학적으로 0에 수렴할 것이고, 그런 우리가 깨달음에 이를 확률도 0에 수렴한다고 해야 논리에 맞습니다.

하지만 우주는 일중일체 다중일 一中一切 多中一 이면서 일즉일체 다즉일 一卽一切 多卽一 입니다.

아무리 작은 부분에도 일체가 고스란히 들어 있으며, 어떤 부

분도 바로 일체입니다. 이 지점에서 나를 깨달으면 우주를 깨달을 수 있는 타당성이 존재하는 겁니다. 인간이 레이저를 이용해 만들어낸 홀로그램 사진과 모든 파장이 존재하는 우주의 홀로그램적 존재 방식은 그 수준이 다릅니다. '일중일체 다중일'과 '일즉일체 다즉일'이 매우 다르다는 게 이제 이해되셨나요?

법성게法性偈를 좀 더 살펴보면 흥미롭게도 앞의 공간적인 개념이 뒤로 가면서 시간적 개념으로 확장되는 것을 볼 수 있습니다. 아래 문장을 주목해 보세요.

무량원겁즉일념無量遠劫卽一念 · 일념즉시무량겁一念卽是無量劫
* 셀 수 없는 영겁이 즉 일념이고, 일념이 즉 영겁이란 의미입니다.

영겁의 시간과 찰나를 즉卽이란 단어로 병치했습니다. 공간적으로나 시간적으로나 지금 여기 존재하는 모든 것 안에 일체인 전체가 있다는 의미입니다. 여러분도 동의하십니까? 사실 진리에는 동의가 필요치 않습니다. 그냥 그런 것이니까요.

화엄경과 법성게에 따르면, 화엄의 세계는 즐기고 누릴 수밖에 없습니다. 모든 것이 우주이고 자연이니까요. 화엄의 세계를 법계法界라고도 합니다. 법계란 모든 것이 화합과 조화를 이루고 무엇에도 걸림이 없는 스스로 그러한 법계연기의 세계입니다. 따라서 십이연기로 고민할 필요가 없는 연기무애문緣起無礙門으로 들어서 있는 겁니다.

일즉다 다즉일 중중무진一卽多 多卽一 重重無盡을 만족시키는 세계라야 공空과 무아無我란 개념도 성립될 수 있습니다. 또한 '모든 것이 연결되어 있다'라는 내용도 당연한 것이 됩니다. 다음의 힌두교 교리도 놀라울 정도로 유사합니다.

우아일체 범아일여宇我一體 梵我一如

우주와 내가 한 몸이고, 우주의 창조신 '브라흐만'과 나의 영靈인 '아트만'이 같다는 뜻입니다. 브라흐만은 모든 곳에 존재하고, 존재하는 모든 것이 브라흐만의 화신입니다. '현재 자신의 삶이 비참하게 여겨져도 자신이 최고의 존재임을 깨달아 브라흐만다운 삶을 살아야 한다'는 진리이자 교훈으로 받아들여야 합니다. 요가,

---

28) 화엄경에 따르면, 현상세계는 법신불(비로자나불, 대일여래)이 현신(現身)한 것이어서 법계(Dharmadhatu)라고 한다. 법계는 한 티끌(一微塵) 가운데 온 세계가 반영돼 있고, 일순간 중에 영원이 포함되어 있는 구조를 갖고 있다고 한다. 화엄교학에서는 법계를 4종으로 나누는데, 우주를 현상과 본체의 두 측면에서 관찰하면 네 가지로 파악된다는 것이다.
① 사법계(事法界): 낱낱의 차별 현상을 말한다. 사(事)는 현상을 뜻한다. 낱낱 현상은 인연으로 화합된 것이므로 서로 구별된다. ② 이법계(理法界): 모든 현상의 본체는 동일하다. 이(理)는 본체를 뜻한다. ③ 이사무애법계(理事無礙法界): 본체와 현상은 둘이 아니라 하나이고, 걸림 없이 서로 의존하고 있다. 마치 물이 곧 물결이고, 물결이 곧 물이어서 서로 걸림 없이 융합하는 것과 같다. 일체는 평등 속에서 차별을 보이고, 차별 속에서 평등을 나타내고 있다. ④ 사사무애법계(事事無礙法界): 모든 현상은 걸림 없이 서로가 서로를 받아들이고, 서로가 서로를 비추면서 융합하고 있다. 이것이 곧 화엄의 무궁무진한 법계연기(法界緣起)다. 일체의 대립을 떠난 화합과 조화의 세계이고, 걸림 없는 자재한 세계이다. 이것이 비로자나불의 세계이고, 화엄의 보살행은 이 사사무애의 세계를 드러내고 있다.

선도의 궁극적 목표인 신인합일(神人合一) 과도 같은 의미입니다.

이제 기독교 얘기를 해볼까요? 에베소서 4장 6절의 말씀입니다.

하나님도 한 분이시니 만유(萬有)의 아버지시라. 만유 위에 계시고, 만유를 통해서 일하시고, 만유 안에 계시는도다.

어디서 많이 들어본 것 같지 않나요? 그렇습니다. '일중일체 다중일(一中一切 多中一)'과 흡사합니다. 젊은 시절 저는 성경의 위 구절을 읽으면서 '만유를 통해 일하시고'란 구절이 이해되지 않았습니다. 하나님이 별 볼 일 없는 저를 통해 일하신다고요? 그런데 이것이 진리라고 하면, 나와 내가 하는 사소한 행위들조차 내 생각 이상의 의미와 가치를 가지게 되는 겁니다. 세월이 흐른 뒤에도 도무지 이해가 되지 않아 성경을 자세히 읽었더니 다음의 구절들이 눈에 띄었습니다.

나는 아버지 안에 있고 아버지는 내 안에 계신 것을 네가 믿지 아니하느냐. 내가 너희에게 이르는 말은 스스로 하는 것이 아니라 아버지께서 내 안에 계셔서 그의 일을 하시는 것이라. (요한복음 14장 10절)

내가 아버지 안에, 너희가 내 안에, 내가 너희 안에 있는 것을 너희가 알리라. (요한복음 14장 20~21절)

내 안에 하나님이 있고, 하나님 안에 내가 있고, 예수님이 내 안에 있다는 말입니다. '예수 = 나 = 너희 = 아버지 = 만유', 너무 명료한 등식이어서 도리어 이해하기 어렵습니다. 혹은 너무 불경스럽다고 생각할 수도 있습니다. 감히 하나님과 나를 동격으로 놓다니 말입니다.

잠시 스토아학파 얘기를 해보겠습니다. 스토아학파는 하나님을 로고스와 동일시했습니다. 신神 = 자연自然 = 로고스라는 것이지요. 인간 지성을 최대한 발휘해 logos를 깨닫고 나면 신과 자연도 다르지 않다는 것을 깨닫게 됩니다. 그런데 여기에 '만유'를 붙여도 아무 문제가 없습니다.

신神 = 자연自然 = 로고스 = 만유萬有

그런데 우리는 만유의 하나가 아닌가요? 내가 신이고 우주인 존재는 모든 만유의 존재와 다를 것이 없는 '나라고 할 것 없는 무아로서의 나'이므로 '만유 = 나'라는 데에는 모두 동의할 것입니다. 그러면 위의 공식은 이렇게 정리됩니다.

신神 = 자연自然 = 로고스 = 만유萬有 = 나

불경스럽게도 결국은 또 하나님과 내가 동격이 되었습니다. 이런 이유로 저는 앞으로의 논의에서 종교와 종교제도를 분리하려고 합니다. 예수님의 본래 가르침과 우리가 제도권 교회에 다니며 배우는 가르침을 나눠 놓으면 조금은 자유롭게 진리를 탐구할 수 있을 테니까요. 아무튼 성경 말씀으로 들어갔더니 맹목적인 믿음만 강조한다고 생각했던 오해와 편견이 무참히 깨어지고, 놀랍게도 불경이나 도덕경과 비견할 만한 진리들이 잘 설명되어 있었습니다.

여담이지만 깨달았다는 사람들에게 느닷없이 '당신이 하나님인가?'란 질문을 한다는 분의 얘기를 들은 적이 있습니다. 깜짝 놀라거나 머뭇거리면 '당신 공부 더 하고 와!'라고 했답니다. 여러분이 이런 질문을 받았다면 어떤 대답을 하시겠습니까?

제가 좋아하는 도덕경의 구절을 소개합니다. 노자의 도덕경엔 왕이 될 수 있는 자질에 대한 이야기가 나옵니다.

致虛極. 守靜篤. 萬物竝作. 吾以觀復. 夫物芸芸. 各復歸其根.
치허극　수정독　만물병작　오이관복　부물운운　각복귀기근
歸根曰靜. 是謂復命. 復命曰常. 知常曰明. 不知常. 妄作凶.
귀근왈정　시위복명　복명왈상　지상왈명　불지상　망작흉
知常容. 容乃公. 公乃王. 王乃天. 天乃道. 道乃久. 沒身不殆.
지상용　용내공　공내왕　왕내천　천내도　도내구　몰신불태

그런데 여기서 말하는 왕을 정치적 군주 개념으로 생각하면 뜻이 통하지 않습니다. 여기서 왕王은 세상 이치를 깨달아知常=明 스스로 하늘이요, 도道인 존재를 말합니다. 즉 수련을 통해 천지인天地人의 이치를 깨달은 사람, 흔히 도통道通했다고 말하는 단계에 이른 사람입니다.

하늘天 ─┐
사람人 ├→ 사람이 하늘과 땅의 이치에 통하면 → 왕王
땅地 ─┘

三 → 三 + │通 → 王

'성인 성聖' 자에서 왕王 자를 빼면 '귀'하고 '입'만 남습니다. 곧 듣거나 말하는 것이 왕의 수준에 이른 사람을 말하는 것이라고 저는 해석합니다. 도덕경에서 왕王이란 말을 썼다는 이유로 노자가 왕권주의에서 벗어나지 못했다고 주장하는 교수님도 있습니다만, 저는 그분의 해석이 잘못된 것이라 생각합니다. 도덕경에서 말하는 왕은 '수련의 완성자'이자 '깨달은 자'입니다.

그런데 훗날 이 왕王 자를 통치자들이 가져다 씀으로써 의미가 변질되었습니다. 문자가 만들어진 유래와 본래 의미를 탐구하다 보면, 깨달은 자가 왕이란 결론에 도달합니다. 수련이란 궁극적 진리를 깨닫기 위한 여정, 즉 왕이 되고자 하는 노력입니다.

정리해 보겠습니다. 우주 전체인 하나는 자연 그 자체, 즉 스스로 그러하게 움직이는 존재이므로 자재신自在神이며 오직 하나인 하나님이라 할 수 있습니다. 그리고 그 하나님은 자신을 구성하는 모든 만유 속에 그대로 자신을 드러내고 있습니다. 이것을 모르고 있던 내가 이런 사실을 깨달으면 왕이 되는 것입니다. 여러분 모두 왕이 되시길 바랍니다.

도道를 닦는다, 득도得道했다, 도통道通했다….

깨달음에 관련된 말엔 도道란 한자가 많이 쓰입니다. 그렇다면 아예 대놓고 도를 닦는 종교를 표방한 도교道敎에 대해 알아보려고 합니다. 도교의 수련법 역시 도를 무엇이라고 보느냐에 따라 달라집니다.

자신이 생각하는 도의 개념이나 거기에 도달하는 방법이 중용이나 도덕경에서 말하는 것과 일치하고 노자와 장자가 이야기하는 내용과 부합한다면, 맞는 방향이라고 판단할 수 있습니다. 만약 거기에 어긋남이 있다면 궁극적 진리에 도달하기 어렵다고 보는 게 맞습니다. 도道 역시 개념을 분명히 정의하고 시작하라는 애기입니다.

지금부터 저는 도교를 설명함에 있어 이견의 여지가 없는 최고

수준의 가르침만 알려드리고자 합니다. 우선 도가道家와 도교道敎가 다른 것은 아시죠? 도가는 노자, 장자의 가르침이 중심인데 반해, 도교는 노장사상老莊思想을 바탕으로 그 밖의 온갖 사상과 신앙을 더해 놓은 것입니다.

도교의 창시자인 장도릉張道陵이 세운 오두미교五斗米敎에 후인들이 다양한 사상들을 덧붙인 것입니다. 도교는 최고의 노장사상부터 단전호흡에, 부적에, 단약丹藥 등에다 잡동사니 민간신앙까지 그 내용과 층위가 복잡다기합니다. 원시천존元始天尊을 최고의 신이라고 하고, 노자를 신으로 칭하며 태상노군太上老君이라 부르기도 합니다.

도교의 수많은 이론 중에 주목해야 할 부분이 원신元神과 식신識神입니다. 이 개념은 여동빈呂洞賓이 쓴 태을금화종지30)에 나옵니다. 원신元神은 창조주 하나님과 거의 같은 개념이라 보면 되는데, 식신識神의 개념은 조금 특이합니다.

원신이 만물을 만들었는데, 그중 인간은 판단하고 생각할 줄 아는 능력이 있는 식신이라는 겁니다. 신은 신인데 식신이라는 거지

---

30) 중국 대중에게 사랑받는 팔대 신선(八仙)의 하나이자 중국 도가(道家)의 일문인 전진도(全眞道)의 창건자인 왕중양을 가르친 조사(祖師) 여동빈(呂洞賓)이 지은 것으로 알려진 선도(仙道) 수련서. 선도 수련서로는 최초로 서양에 전해져 '황금꽃의 비밀(The Secret of Golden Flower)'이란 제목으로 알려졌다. 이 책을 번역하여 서양에 소개하고 그에 따라 평생을 수련한 이가 칼 구스타프 융이다.

요. 이것이 태을금화종지太乙金華宗旨의 핵심 내용입니다.

이 이론에 따르면 식신이라고 생각하는 내가 원신임을 깨닫는 것이 도통인 셈입니다. 식신인 내가 원신임을 깨달아 원래의 자기로 돌아가는 수련이란 의미에서 역법逆法, 원래의 빛인 태을금화로 돌아가는 수련이란 의미에서 회광回光이라고 합니다. 사람들은 태을금화종지에서 주천周天이니 단전丹田이니에만 관심을 가지는데, 제가 보기엔 이 원신과 식신이 훨씬 중요하고 근본적인 개념입니다.

초등학생 교과서에도 나오는 인내천人乃天 사상은 아시다시피 최제우 선생이 창시한 동학의 교리입니다. 이제까지 제가 설명한 내용들이 옳다면 '사람이 곧 하늘이요 우주'란 말 역시 옳아야 합니다.

이를 성명정性命精 개념으로 풀이하면 다음과 같습니다(성명정 개념은 발해 초대 황제인 대조영이 동생 대야발에게 옮겨 쓰게 했다는 '삼일신고'에 나옵니다).

$$性_{cosmic\ order} + 命_{entity's\ order} = 精_{entity,\ 生命體}$$

자연에는 로고스적으로 작동하는 우주의 질서가 있고 각 개체에도 나름의 질서가 있는데, 우리가 흔히 말하는 숙명이나 운명이 바로 명命입니다. 그런데 이 두 가지 질서가 결합되면 생명체精가 되는 것이지요. 모든 생명체는 자신만의 명命, 즉 이 세상에서의 역할을 가지고 있습니다. 불교식으로 표현하면 업業을 가지고 태어나는 겁니다.

모든 생명체精는 성性과 명命을 가지고 있으므로 수련이란 '성'과 '명'을 닦는 것이라 할 수 있습니다. 어디서 많이 들어본 말 같지요? 이것이 바로 성명쌍수性命雙修입니다. 오랫동안 성명쌍수는 '심신心身을 닦음'이란 의미로 알려져 왔습니다.

하지만 삼일신고는 성명쌍수란 '심기心氣를 닦는 것'임을 분명히 밝히고 있습니다. 심心은 성에 대응되고, 기氣는 명에 대응됩니다. 다음의 표를 보면 정리가 되실 것입니다.

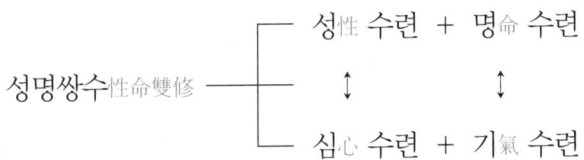

삼일신고는 이렇게 생명체 탄생에 대해 명확하게 밝히고 있는데, 이 대목은 힌두교가 말하는 것과도 흡사합니다. '비쉬누'라는 최고의 존재가 어떤 역할을 하는 화신을 갖고자 의도하면 '아바따르Avatara'가 태어난다는 것입니다. 다른 점이 있다면 아바따르는

신성하고 특별한 존재이지만, 생명체인 정命은 생물, 무생물, 눈에 보이지 않는 존재 등 존재하는 모든 것인 만유萬有를 뜻합니다. 보편적인 진리로는 성명정의 원리가 훨씬 뛰어납니다. 다른 종교제도에서는 생명체에 대해 이렇게 명확한 설명을 하는 경우가 거의 없습니다. 생명체의 탄생을 어떻게 정의하느냐에 따라 각 개체의 역할과 의미가 달라지므로 중요하다고 생각해 짚어 보았습니다.

성명정 사상에 따르면, 우주를 구성하는 개체들은 모두 하나인 우주의 부분들이지만 꼭 필요한 어떤 역할, 즉 명命을 수행하는 생명체生+命+化들이므로, 그 역할에 좋고 나쁨이 없습니다. 다만 우리 인간들이 역할의 좋고 나쁨을 평가하고 선호하는 것입니다. 다시 강조하지만 성명정은 생명체의 생명 사상을 설명할 수 있는 아주 중요한 원리입니다.

도덕경은 전체가 81장으로 구성되어 있는데 전반부 37장을 도경道經, 후반부 44장을 덕경德經이라 나눠 부르기도 합니다. 그렇다면 '덕'이란 대체 무엇이고, '덕이 있는 사람'이란 어떤 사람일까요?

결론적으로 선악의 경계를 넘은 사람, 견성見性한 사람, 도를 알고 실행하는 사람이 덕이 있는 사람입니다. 성명정性命精 이론으로 설명하면 마음에 선악이 없는 상태, 선악에서 벗어난 것이

성性인데 이것이 바로 덕德의 상태이기도 합니다.

논어에 '덕불고 필유린德不孤 必有隣'이란 말이 나옵니다. '덕이 있는 사람은 외롭지 않고 반드시 이웃이 있다'란 의미로 해석되는데, 덕의 개념이 애매하다 보니 그 의미에 대해서도 의견이 분분합니다. 그렇다면 비서秘書로 꼽히는 삼일신고에도 덕에 대한 설명이 있을까요? 네, 있습니다.

덕이 있는 자는 남에게 아량과 자비를 베푸는 사람이 아니라, 선악의 개념에서 벗어난 사람이라는 겁니다. 불교에서 말하는 견성과 같습니다. 백팔번뇌가 왜 생깁니까? 선악과 호오好惡를 분별해서 생기는 겁니다. 자신의 본성을 깨달으면 비로소 번뇌에서 벗어나고 선악의 경계를 넘어섭니다.

이를 기독교의 선악과善惡果 개념에 대입해 볼까요? 선악과로 인해 선악을 분별하게 되었고 그로 인해 백팔번뇌가 시작되었다고 할 수 있습니다. 번뇌에서 벗어나려면 선악과를 먹기 전 상태로 돌아가야 합니다. 저는 이런 표현을 즐겨 씁니다.

"선악과를 뱉어내고 이전의 상태로 돌아가라!"

불교에는 구경각究竟覺이란 말이 있는데, 수행이 끝나 깨달음에 이른 상태를 말합니다. 즉 선악과 호오를 넘어서 덕德이 구현된 상태입니다. 덕이 있는 사람이란 우리가 흔히 알고 있듯이 '남에게 베푸는 사람'이 아닙니다. '궁극의 깨달음에 이른 사람'입니다. 여기에 대덕大德이란 말도 나오는데 신의 경지를 일컫는 말입니다. 충남 예산의 덕숭산에는 수덕사가 있는데, 수덕사修德寺의 '덕'도 이런 의미라 짐작합니다.

앞에 견성見性이란 말이 몇 차례 나왔는데 잠시 설명하고 넘어가겠습니다. 견성이란 글자 그대로 성품(본질)을 본다는 뜻이고, 성품을 본 사람을 견성했다고 합니다. 성품이란 말이 어렵나요? 그러면 '자연의 질서를 본 자'라고 바꿔 보겠습니다. 중용의 시작이 천명지위성天命之謂性(우주의 질서를 성이라 한다)인데, 성性을 참으로 명료하게 정의해 놓았습니다. 고대 그리스 철학에서 말한 로고스logos와 같은 개념입니다. 좀 더 구체적이지요? 도달하기 어려운 것이라고 해서 개념이 어려운 것은 아닙니다. 오히려 개념은 매우 분명합니다. 이해가 어려울 뿐입니다.

아무튼 견성見性을 비롯해 득도得道, 도통道通, 대오大悟, 대덕大德, 성통공완性通功完, 해탈解脫, 성불成佛 등이 궁극의 깨달음을 얻은 사람 또는 상태를 일컫는 말입니다.

궁극의 진리와 관련해 최근에 많이 회자되는 용어가 있습니다. 바로 전일주의全一主義, 혹은 전체론全體論인데 홀리즘Holism을 번역한 것입니다. 이 말은 재미있게도 남아프리카공화국의 정치가인 스무츠J. C. Smuts가 처음 썼다고 합니다.

그에 따르면 전체는 부분의 총화라고 설명할 수 없는 성질을 갖고 있고, 전체는 부분들의 상호관계에 의존하는 동시에 부분들의 결합 양식으로서 부분을 통제한다는 것입니다. 좀 어렵다고 생각했든지 스무츠는 자신의 이론을 설명하기 위해 이런 비유를 들었습니다. '수소와 산소가 합해지면 전혀 성질이 다른 물이 된다'라고 말이죠.

다시 도道 이야기로 돌아가겠습니다. 도를 알고 실행한다는 것은 도덕경의 표현을 빌리면 무위자연無爲自然의 삶을 사는 것이고, 중용의 표현을 빌리면 '우주의 질서를 따르는 것奉性之謂道'이라 할 수 있습니다. 자연이 옳은 것이니 삶 또한 거기에 맞춰서 살면 되는 것이지요. 따라가면 그만입니다.

그런데 여기에 문제가 좀 있습니다. 자연이 항상 옳다는 데 동의하시나요? 무고한 사람들을 희생시키는 수많은 지진과 태풍은 어떻게 설명해야 할까요? 그래도 자연은 자연일 뿐일까요?

아마 자신의 이해득실에 따라 굉장히 다른 반응이 나타날 겁니다. 지구 반대편의 누군가가 희생되었다면 '안 됐긴 하지만 어쩔 수 없다'라고 하면서 다리 뻗고 자겠지만, 자신의 집이 무너지고 사랑하는 가족이 희생되었다면 마음이 미쳐 날뛸 겁니다. '내가 무슨 잘못을 했다고 이런 일이 생기는가?'라면서 신을 원망했을 테지요.

나를 내 몸에 국한할 것이냐, 좀 더 넓혀 볼 것이냐에 따라 같은 상황은 매우 다르게 다가옵니다. 그래서 '나를 무엇으로 바라볼 것이냐'는 언제나 중요합니다. 세상을 살아갈 때도 중요하지만, 깨달음에 있어서는 더욱더 중요한 대목입니다.

- 자연의 현상들을 바라보며 궁극의 진리를 깨친 분들이, 남들에게도 자유와 행복을 알고 누리게 하고자 자신의 깨침을 나누며 다니신 가르침들을 후에 제자들이 모으고 배우기 쉽게 만든 틀이 발전하여 종교제도가 되었다.

- 종교(宗敎)를 중심으로 기본교리가 갖춰져 있고, 그것을 실현시킬 방법이 준비되어 있으면 종교제도(宗敎制度)로서 인정받을 수 있다. 그냥 통속적으로 인정받고 있는 각 종교제도 중에서도 종교가 기본 원리가 아니라면 본래 의미의 종교제도라 칭할 수 없다.

5 ── 종교와 종교제도

　앞에서도 보셨듯이, 저는 계속해서 종교와 종교제도를 구분해야 한다고 주장하고 있는 중입니다. 그 둘을 혼동하거나 혼용하면, 궁극적 진리를 추구하는 데 막대한 지장을 초래하기 때문입니다. 종교宗敎는 한자 그대로 궁극적 가르침, 불변의 진리를 일컫습니다. 이에 비해 종교제도宗敎制度는 훨씬 다양하고 자유롭습니다. 가르치고 가르침을 받아들이는 방식에 있어서는 다양한 것이 자연스럽습니다.

　종교 다원주의多元主義라는 말이 있는데, 제가 '종교제도'와 구분해서 사용하는 '종교'는 결코 다원일 수 없습니다. 근본적인 가르침은 일원一元, 즉 하나일 수밖에 없습니다. 그것을 찾아가는 방식과 제도는 아주 많습니다. 그러니 '종교 다원주의'가 아니라 '종교제도 다원주의'라 표현해야 정확합니다. 가르치는 방법은 다양해도 가르침이 다를 수는 없는 겁니다. 제1공리라는 말이 왜 나왔겠습니까? 진리는 하나입니다.

그러면 저 수많은 사찰과 교회를 어떻게 바라봐야 할까요?

그들은 궁극적인 진리, 즉 종교宗敎를 전파하고 있는 단체團體들입니다. 오랜 세월을 지나며 조금씩 바뀌었겠지만 불교, 기독교, 이슬람교, 힌두교, 천도교, 한국선도, 대종교, 원불교 등등이 모두 여기에 해당됩니다.

기독교와 이슬람이 하나의 몸통에서 시작되었다는 사실은 아시지요? 들여다보면 원리나 내용이 똑같습니다. 운영하는 제도나 관습이 다를 뿐입니다. 오해는 마시기 바랍니다. 저는 원시교회에서 처음 가르쳐진 교리敎理를 중심으로 얘기하는 거니까요. 지금 여러분에게 친숙한 제도화된 가르침이 아닙니다.

여러분이 보고 있는 것은 종교제도에 불과하고 종교제도는 얼마든지 바뀔 수 있습니다. 그 제도를 유지하고 있는 사람들 마음입니다. 종교와 종교제도를 구분해야, 비로소 어떤 종교제도가 어떤 점이 유리한지 판단할 기준이 생깁니다. 제가 이 둘을 구분해야 한다고 주장하는 또 다른 이유입니다.

혹시 여러분은 이런 궁금증을 가진 적이 없나요?
"종교(관습적 개념에 속지 마세요. '종교제도'가 아닌 '종교'입니다)를 어떻게 찾아냈을까? 하늘에서 계시를 받았을까, 그냥 저절로 깨닫게 되었을까?"

계시啓示와 깨달음, 그 차이에 대해 알아보겠습니다.

어느 날 무함마드에게 가브리엘 천사天使가 와서 진리를 얘기해주었습니다. 이런 것을 계시라고 합니다. 깨닫는 것과는 다르지요. 깨닫지 못해도 계시를 받고 그것을 기록할 수는 있습니다. 물론 무함마드는 계시 받은 내용을 깨우쳐 삶에서 실천한 것으로 유명한 분입니다. 하지만 이런 경우는 대단히 드뭅니다. 보통 계시 받은 자는 자신의 능력에 취해 깨달음을 놓치게 됩니다.

이와 반대되는 경우가 석가釋迦입니다. 석가는 보리수나무 아래에서 '깨달았습니다'.

끊임없는 질문을 하고 원리를 탐구한 끝에 진리를 찾아낸 것입니다. 다르지요? 여러분은 계시를 받고 싶은가요, 깨닫고 싶은가요? 혹시라도 편하게 앉아서 계시를 받고 싶다는 분이 계실지 몰라 덧붙입니다. 오늘 밤, 신이 와서 진리를 얘기해주고 눈앞에 보여주면 뭐가 달라질 것 같나요? 이해 안 되는 복잡한 경전을 보는 것과 진배없을 것입니다. 이해는 철저히 자신의 몫입니다.

이쯤에서 솔직하게 고백할 것이 있습니다. 한때 저도 계시를 받고 싶다는 생각을 한 적이 있었습니다. 신이 내게 말을 건넨다니, 정말 멋진 일이 아닙니까? 어느 날 수련을 하다가 드디어 천서天書를 받는 방법을 찾았습니다. 처음엔 신이 나서 열심히 받아썼죠. 그런데 내가 써놓은 것을 읽다 보니 이런 생각이 들었습니다.

'아, 천서란 것이 이런 거였구나. 내가 아닌 누구라도, 사람이 아닌 사물이라도, 우주에 존재하는 모든 것은, 그냥 각종 경전이 나오게 되는 원전原典이었구나!'

석가나 예수 같은 분들이 남겨 놓은 경전이 없다면 모르겠거니와, 내가 이렇게 받아써서 그것을 뛰어넘는 경전이 가능할까란 생각도 들었습니다. 물론 여기엔 전제가 하나 붙습니다. 예수나 석가의 가르침이 과연 궁극의 진리에 도달한 것이냐의 문제입니다. 이분들이 거기에 도달했다면 더 이상의 훌륭한 계시가 나올 수는 없을 겁니다. 그렇지 않은가요? 여기에 생각이 이르자 천서 받아쓰기가 쓸 데 없는 일이란 결론이 내려졌습니다. 당장 그만두었지요.

저는 지금도 궁극의 진리를 내려 받는 원리를 알고 있고, 또 할 수도 있지만 별 의미가 없다고 생각합니다. 진리를 전하는 각종 경전이 수없이 인쇄되어 있고, 인터넷 공간에 떠돌고 있지 않습니까? 이런 시대에는 계시를 받는 것이 중요하지 않고, 그것을 어떻게 이해할지가 훨씬 중요합니다.

깨달음이란 결국 이해이기 때문입니다.

실제로 석가가 어떻게 공부를 했던가요? 어느 날 그는 왕궁을 떠나서 유명한 선생을 찾아갑니다. 찾아가서 공부하면서 끝없는 질문을 합니다. 선생의 답이 마땅치 않으면 그곳을 떠나, 다른 유명한 스승을 찾아갑니다. 거기서 공부하고, 질문하고, 다른 스승을 찾았습니다. 그러다 결국엔 스스로 답을 궁구_{窮究}했고 그리고 깨닫습니다.

모든 공부가 그렇습니다. 자신이 원하는 것을 얻기 위해 선생을 찾아다니고, 그 선생이 더 이상 가르쳐줄 것이 없다면 다른 스승을 찾습니다. 그 과정의 판단만 정확하다면, 그것이 공부의 순서입니다.

그런 과정을 거쳐 석가는 소위 4가지 괴로움_{老病死}이라는 '생각'에서 벗어나 자유와 행복을 찾았고 그 가르침을 우리에게 전해 주었습니다.

성리학_{性理學} 학자들은 우주를 보고 사물을 살펴 그 안에 깃든 원리를 읽어내고자 했습니다. 불교의 승려들은 화두와 명상을 통해 궁극의 진리에 도달하고자 했습니다. 이런 탐구와 수련을 통해 어떤 원리를 읽어냈다고 해 봅시다. 그 원리를 통해 우주의 체계가 한 순간에 설명되고 그 이상의 깨달음이 없다는 생각이 들면,

그것이 궁극의 진리라 할 수 있습니다.

'일즉다 다즉일 중중무진'의 체계, '하나님은 한 분이시니 만유 위에 계시고, 만유를 통해 실행하시고, 만유 안에 계신~'과 같은 원리가 그 예입니다.

이런 종교(익숙해지셨나요? 종교제도가 아닌 종교, 즉 최고의 가르침입니다)를 발견한 분들은 자신의 삶을 불행하고 부자연스럽게 만들었던 것들에서 벗어나 자유롭고 걸림이 없는 지복至福의 상태에 도달하게 됩니다. 그런데 여기서 끝이 아닙니다. 깨달은 분들 중에서 그 깨달음의 상태와 방법을 타인과 나누고자 하는 분이 생깁니다. 그분들은 여생을 열심히 가르치다 가시고, 대개는 사후에 그 가르침을 제자들이 전파하고 발전시킵니다.

최고의 가르침은 민족, 문화, 언어에 영향 받지 않는 절대적인 것이지만, 그것이 글이 되면서 달라지고 문화와 언어가 다른 곳에 전파되면서 변질되는 것은 피하기 어렵습니다. 오랜 시간이 흐르고 수십, 수백 세대를 거치면 얼마나 변질되었는지 파악하기도 어렵습니다. 그래서 제도에 얽매이지 말고 본질을 봐야 합니다.

즉, 종교제도를 있게 한 종교에 초점을 맞춰 공부하라는 뜻입니다.

종교는 영원불변이지만, 종교제도는 없어질 수도 있고 새로 생길 수도 있습니다. 누군가 종교제도를 표방한다고 해도, 그 제도

속에 있는 교리가 '종교'가 아니라면 진짜 '종교제도'가 아닐 겁니다. 여러분이 어떤 종교제도를 판단할 때 적용해야 할 기준이 이것입니다.

또한 하나의 종교제도를 이해하기 위해 다른 종교제도를 공부하는 것도 좋은 수련 방법입니다. 건강해지기 위해서 조깅도 중요하지만 체조, 음식 섭취, 등산 등도 도움이 되는 것과 같습니다. 각 종교제도는 저마다 가르치는 방식, 이해시키는 포인트가 조금씩 다르니까 자기 것을 중심으로 다른 제도의 가르침을 참고하길 권합니다.

3장

전해지는, 진리를 찾는 수행법들

- 내 말씀 안에 거할 때, 참된 내 제자라 할 수 있고 진리를 알지니, 진리가 너희를 자유롭게 하리라. - 요한복음 8장 31~32절

- 中和(중화), 誠實(성실) - 中庸

- 있는 그대로 보기(깨닫기)
  위빠사나 - 석가
  眞如實相(진여실상) - 大乘起信論(대승기신론)
  依言眞如(의언진여) 離言眞如(이언진여)
  解惑復本(해혹복본) - 符都誌(부도지)
  止感(지감), 調息(조식), 禁觸(금촉) - 삼일신고
  看話禪(간화선) - 불교 임제종
  默照禪(묵조선) - 불교 조동종
  疑頭(의두) - 원불교
  冥想(명상)
  토론, Daimonion - 소크라테스
  4대 우상(편견) 척결 - 프란시스 베이컨

- 易筋(역근) - 달마, 太極拳(태극권) - 장삼봉

- 無礙舞(무애무) - 원효, 참나춤, 自然舞(자연무)

- 至氣今至願爲大降 侍天主造化定 永世不忘萬事知 - 최제우
  지기금지원위대강 시천주조화정 영세불망만사지

※ 각 수행방식의 판단 기준: 宗敎인 궁극의 진리에 도달할 수 있는 길을 제시하고 있는가?

1 ── 말씀 안에 거하기

　종교궁극의 가르침를 깨닫게 하겠다는 목적을 지닌 단체는 종교제도일 것입니다. 그렇다면 각 종교제도의 수련법修鍊法엔 어떤 것들이 있을까요? 수행이라는 길에 접어든 후, 저는 여러 종교제도와 수련법을 살펴보았습니다. 불교의 간화선, 묵조선, 위빠사나 등은 무슨 얘기를 하는지 알 것 같았는데, 제가 다녀 본 기독교 단체는 그냥 믿으라는 얘기뿐이었습니다. 답답하다는 생각이 들었지요. 그냥 믿는 것이 수행법은 아닐 텐데 말이죠.
　그러다가 '진리가 너희를 자유롭게 하리라'란 문장 앞에 있는 내용을 보게 되었습니다. 요한복음 8장 31절과 32절에 실린 전체 문장을 한번 살펴볼까요?

"내 말씀 안에 거할 때, 참된 내 제자라 할 수 있고, 진리를 알지니, 진리가 너희를 자유롭게 하리라."

'내 말씀 안에 거할 때'에만 진리를 알 수 있고, 진리가 자유롭게 해준다고 했는데 앞부분을 잘라내고 인용을 안 하는 경우가 많으니 제대로 전달이 될 리가 없지요. 아무튼 참된 제자가 되려면 그분의 말씀 안에 거해야 합니다.

그런데 말씀 안에 '거한다'에서의 거는 여러분도 아시다시피 '살 거'입니다. **삶 속으로 말씀을 가져오지 못하는 사람은 진리를 알기 어렵다는 말입니다.** 다시 말해, 내 아버지 하나님의 말씀인 내 말을 지침으로 삶을 유지하고 꾸려나갈 때에야 참 제자가 되는 것입니다.

예수님 입장에서 참 제자는 명확합니다. 성경책에도 쓰여 있습니다.

나더러 '주여 주여' 하는 자마다 천국에 다 들어갈 것이 아니요, 다만 하늘에 계신 내 아버지의 뜻대로 행하는 자라야 들어가리라.

마태복음에 나오는 말입니다. 예수님께서는 자신의 말을 외우거나, 맹목적으로 자신을 따르는 사람은 참 제자가 아니라고 분명하게 밝히셨습니다. 말씀과는 정반대의 삶을 살면서 교회에 열심히 나가 회개하는 사람도 참 제자가 아닙니다. 오로지 참 말씀을 기준으로 사는 사람이 참 제자이고 그렇게 할 때에만 진리를 알 수 있습니다.

종교가 삶 속으로 들어온다는 것은 어려운 말이 아닙니다. 진리인 말씀대로 실천하며 살려고 노력하는 것입니다.

자신의 몸을 사랑해 보셨습니까?

제가 아무리 설명해도 '말씀 안에 거하는 삶'이 뭔지 구체적으로 잡히지 않는 분이 계실 겁니다. 그래서 예를 하나 들어 볼까 합니다. 언젠가 (사)한국정신과학학회에서 요가 지도자 한 분을 초청한 적이 있었습니다. 요가협회 회장을 오래 하신 분이었는데, 제가 강의 전에 이런 질문을 드렸습니다.

"오늘 어떤 내용을 알려주시겠습니까?"

"몸을 이완하고 자세를 잡는 기본을 가르쳐 드리려고 합니다."

하지만 저는 좀 다른 것을 요청했습니다.

"요가를 '신과의 합일'이라고 하는데, 그 내용을 알려주실 수 있는지요?"

의외라는 표정이 역력한 그분과 다음의 대화가 이어졌습니다.

"정말 그런 걸 얘기해도 됩니까?"

"그럼요. 하시고 싶은 대로 하세요."

"제가 그런 얘기를 하고 싶은 대로 해본 적이 없어서요."

이윽고 강의가 시작되었는데, 그분은 이렇게 운을 뗐습니다.

"네 이웃을 내 몸처럼 사랑하라는 성경 말씀, 들어보셨지요? 그런데 여러분은 자신의 몸을 얼마나 사랑해 보셨습니까?"

그 말을 듣는 순간 좀 멍해진 느낌이었습니다. 저도 내 몸을 위해 좋다는 것을 먹고 좋다는 운동을 했지만, 정작 내 몸이 사랑스럽다고는 생각해 본 적이 없었던 것입니다. 저는 그분의 질문에 매료되었습니다. 적어도 '네 이웃을 내 몸처럼 사랑하라'는 말씀은 제 삶에 거하지 않았던 겁니다. 갑자기 요가가 달라 보이던 경험이었습니다.

예수의 말씀을 적은 것이 성경이지요. 제자들이 옮겨 쓰고 후세에 전해지면서 어느 정도 왜곡은 있었겠지만, 그 말씀을 따라 살면 진리를 알게 된다는 사실은 변함이 없습니다. 그것도 '진짜 궁극적 진리'를 알게 될 것입니다.

이렇게 생각해 보세요. 예수님 역시 우리처럼 구원과 깨달음을 찾으려고 노력했을 것이고, 수련 끝에 가장 중요한 진리를 먼저 깨우쳤고, 그 후엔 그 진리를 실천하며 사셨을 것입니다. 진리의 실천 중에는 자신이 깨우친 진리를 설파하는 것까지 포함되었을 테지요. 아마 자신이 경험했던 구원과 깨달음의 과정을 다른 이들은 조금 더 쉽게 경험하도록 해주고 싶었을 겁니다.

예수님이 갈파한 진리는 '하나님은 존재하는 모든 것, 즉 만유萬有 안에 살아 계신다'는 것입니다. 이 진리를 삶 속에서 실천한다는 것은 대체 어떤 의미일까요? 쉽게 들어오지 않습니다. 이를 알기 위해서는 삶 속으로 들어가야 합니다.

독점적 구원자는 없습니다

여기서 저의 또 다른 경험 하나를 소개하겠습니다. 젊은 시절 어떤 단체의 강연 모임에 간 적이 있는데, 그 모임에서는 서로를 '하나님'이라고 부르게 했습니다. 남편 하나님, 친구 하나님, 뭐 이런 식으로요. 처음 접하는 사람들은 아주 화들짝 놀랍니다. 이 단체가 사람들을 많이 끌어들였는데 그 호칭도 한몫하지 않았을까 생각합니다.

그런데 3박 4일의 강연 일정에서 사흘째가 되니 좀 갑갑해지더군요. 요한복음 14장 6절에 '나는 길이요 진리요 생명이니, 나로 말미암지 않고는 아버지께 올 자가 없느니라'란 구절이 나오는데 저는 평소에 그 '나'가 참나일까, 신일까, 예수님일까를 궁금해 했습니다. 그런데 그 단체의 '교주敎主를 통하지 않고는 구원은 없다'라는 식의 강연이 이어졌습니다. 정말 실망스러웠습니다. 그 일만 아니었다면 그곳에 조금 더 다녔을지도 모르겠습니다.

궁극적 진리의 관점에서 보면, 앞의 요한복음 구절 속의 '나'는 본질적인 나, 개체성을 넘어 전일성_{全一性}으로 온전한 나여야 합니다. 그 상태에서는 나의 생각이 곧 하나님의 생각이니 내가 길이요, 진리요, 생명일 겁니다. 예수는 항상 자신이 하는 말은 내 안에 계시는 그분의 말씀이라 했습니다. 너희도 그리할 수 있고 그래야 구원을 얻는다고 했지요. 심지어 나보다 더한 일도 하리라고 했습니다.

누군가가 훌륭한 안내자가 될 수는 있을지언정 독점적인 구원자는 될 수 없습니다. 그런데 특정 교주가 아니면 구원을 받을 수 없다고요? 그건 이치에 맞지 않습니다.

모든 수행단체에는 공통점이 있습니다. 어떤 '목표'가 있고 거기에 이르기 위한 '방법'이 있습니다. 격투기의 목표는 싸움을 잘하는 것이고, 그 목표를 이루기 위해 근육을 만들고 힘을 쓰는 방법이 정리되어 있습니다. 목표와 방법이 잘 연결되면 훌륭한 수행단체라 할 수 있습니다.

훌륭한 수행단체 중에서 수행의 목표가 '궁극적인 진리'라면 비로소 종교단체라 할 수 있겠지요. 이 기준만 확고히 갖고 있으면 일부 수행단체에 속아 시간을 낭비하는 일은 없을 겁니다.

싹트지 않을 씨앗에 물을 주지 말라

각 수행단체들이 '이렇게 하면 궁극의 진리에 이른다'라고 주장할 때는 그 근거를 따져 봐야 합니다. 예를 들어 볼까요? '단전호흡丹田呼吸으로 건강을 찾을 수 있다'라고 한다면 시비 걸 일이 없을 겁니다. 그런데 '단전호흡을 하면 궁극에 이를 수 있다'라고 주장한다면 얘기가 달라집니다.

단전호흡의 어떤 부분이 그렇게 되는지 질문해야 합니다. 물론 제대로 된 단전호흡은 궁극의 진리에 다가갈 수 있을 겁니다. 우리나라에 전해진 단전호흡은 거개가 도교에서 유래된 것입니다. 전진도 용문파全眞道 龍門派31를 비롯해 다른 많은 수련법들을 차용했기 때문에, 도교 수련서인 혜명경慧命經32이나 태을금화종지에서 이야기하는 것과도 차이가 있습니다.

혜명경엔 진종眞種, 혹은 진종자眞種子란 개념이 있습니다. 말 그대로 진리의 씨앗입니다. 씨앗이 싹터서 자라나면 어떻게 됩니까? 씨앗을 나오게 한 원래의 것이 되지요. 참 씨앗, 참 생각의 씨

---

31) 중국 송나라 때 사람인 왕중양(王重陽: 1112~1170)이 여동빈(呂洞賓)에게 사사한 뒤 산동성(山東省)에서 일곱 제자를 받아들여 창시한 도가(道家) 일문(一門)이 전진도(全眞道)이고, 왕중양의 막내 제자 장춘진인(長春眞人) 구처기(丘處機: 1148~1227)가 창시한 문파가 용문파(龍門派)다. 전진도는 정일도(正一道)와 함께 중국 도교(道敎)를 양분했는데, 그중에서도 용문파가 가장 흥성했다.
32) 청나라 건륭제 때(1794년) 유화양(柳華陽)이 지은 수련서. 유화양은 승려였다고도 하고 용문파 8대 제자인 오충허(伍沖虛)를 사사했다고도 전한다.

앗을 안에서 바라보고 이것이 피어나도록 한다는 것이 혜명경의 원리입니다. 그런데 이런 노력은 하지 않고 호흡으로 풀무질을 해서 씨앗을 키운다? 그것은 진종자를 키우는 것이 아니라 특정한 기氣를 키우는 것입니다. 굉장히 다릅니다.

혜명경은 진종이 싹트면 불성佛性이 깨어난다고 합니다. 선가의 표현을 빌리자면 주인옹主人翁이 깨어나는 겁니다. 불성이 완전히 드러나면 부처가 되고, 하나님의 아들딸이 자라면 하나님이 되는 게 당연하지 않을까요? 이런 개념들이 혜명경에 녹아 있는데, 저처럼 해석하는 사람을 거의 보지 못했습니다.

많은 단체에서 진종자를 싹트게 하기 위한 방편으로 집중을 돕기 위해 한 점을 바라보는 방법을 씁니다. 그 한 점이 하단전下丹田이어도, 중단전中丹田이어도, 꼬리뼈여도 좋습니다. 꼭 이디여야 한다고 고집하는 것도 진리에 어긋나는 일이 아닐까요? 일미진중함시방一微塵中含十方이니 말입니다. 그리고 거기서 궁극적 원리가 자라나지 않으면 진종자가 아니라고 판단해야 합니다.

많은 수행법들이 후세로 오면서 왜곡되어 전해지고 있습니다. 도교의 가르침도 잘못 내려온 것이 많습니다. 궁극적 진리를 깨닫겠다고 표방하면서 거기에 맞지 않는 수행법을 쓰고 있다면, 싹트지 않을 씨앗에 물을 주는 것과 마찬가지입니다.

여러분이 지금 어떤 방식으로 수련하고 있든 다 좋습니다. 그 방식을 고수하든, 그 방식에다 이 책에서 배운 원리들을 대입해서 수정을 하든 다 괜찮습니다. 하지만 자신의 방식이 최고라는 수행단체들의 말을 액면 그대로는 믿지 마세요. 어떤 수행단체가 진짜라는 증거가 어디에 있나요? 자기 것을 나쁘다고 하는 사람이 있을까요?

저는 '참나 찾기'라는 이름으로 강의를 하면서 항상 "제가 하는 얘기를 그대로 믿으면 안 됩니다. 자기 교습법이 나쁘다고 하는 사람은 없습니다"라고 말합니다. 제가 앞장서서 의심하라고 부추깁니다. 사람들이 마땅히 해야 할 의심도 잘 하지 않기 때문입니다. 그게 바로 화두話頭요, 의두疑頭입니다.[33] 그런 작업을 통해 의심이 사라져야 진짜입니다.

삶에 녹아들어야 아는 것입니다

간화선看話禪에서도 이런 개념을 찾아 볼 수 있습니다. 그런데 간화선은 불교 임제종臨濟宗에서 시작된 것입니다. 석가의 원래 가르침으로부터 많은 시간이 흐른 뒤였습니다.

임제종이 만들어졌을 때는 이미 많은 경전들이 존재했다는 사실을 알아야 합니다.

---

33) 화두란 선종(禪宗)의 간화선(看話禪) 수련법에서 의심의 대상이 되는 문제를 지칭한다. 질문의 시작이라는 뜻에서 화두(=말머리)라고 쓰고 공안(公案)이라고도 한다. 의두는 원불교(圓佛敎) 용어로 진리를 깨치기 위한 의심머리라는 뜻으로 쓰인다. 불교의 화두, 공안과 유사한 개념이다.

그런데 경전이 많다는 것이 좋은 걸까요, 나쁜 걸까요? 좋을 수도 있고 나쁠 수도 있습니다. 경전을 펼치면 궁금해 하던 것이 다 나와 있으니 속이 시원하지만, 그게 진리라 생각하고 무조건 외우려 든다는 단점도 있습니다. 석가의 말씀에 초점을 맞춰 원래의 심오한 뜻으로 들어가지 않고 '내가 화엄경을 다 외웠어'라고 하는 것이지요. 외운 것이 아는 것이라면, 세상에 깨달은 사람이 정말 많을 겁니다.

그렇다면 어떤 경우가 아는 것일까요? 생활 속에서 활용하고 실천할 때, 말씀 안에 거할 때입니다. **화엄경을 외운 것이 아니라, 화엄경이 내 삶의 기준이 될 때, 그때서야 제대로 안다고 할 수 있습니다.** 박사 논문을 쓸 만큼 화엄경에 대한 지식이 많더라도 그건 아는 게 아닙니다. 입으로 천 번 만 번 자비와 사랑을 말한들, 아무 때나 화내고 약한 자 앞에서 거들먹거린다면 그 또한 아는 게 아닙니다. 삶에 녹아 있지 않으면 지적 허영에 빠져 있는 것입니다.

그렇다면 앎의 수준은 어떻게 판단할 수 있을까요? 간단합니다. 모르면 덜 자유롭고 덜 행복하기 때문이지요. 자신이 도달하려는 목표와 현재의 상태가 차이 날수록 불행합니다. 매사에 걸리기 때문이지요. 학교도 다닌 적이 없고 수련을 한 적도 없지만 현재 너무나 자유롭고 행복한 삶을 사는 사람이 있다면 그는 무언가 아주 중요한 것을 알고 실천하는 사람이 분명합니다.

    그러니 '말씀 안에 거하는 것'은 엄청난 수련법입니다. 불교식으로 표현해 볼까요? 대오大悟한 사람이 각성覺醒 상태를 유지하고 세상을 살아간다면, 이게 바로 대오각성입니다. 그 상태가 삶에 적용이 되었으니까요. 이는 간단한 말이 아닙니다. **삶과 정면으로 부딪치지 않고서는 행복한 삶이 불가능하다는 통찰이 담겨 있습니다.**

2 ─────────── 중용

우리는 궁극의 수련법에 대해 공부하고 있는 중입니다.

그런데 제목을 보고 '웬 중용中庸?'이라고 생각하지 않으셨나요? 중용이 삶의 훌륭한 덕목을 가르치는 경전임에는 분명하지만 궁극의 수련법이라는 데는 고개가 갸웃거려지실 겁니다. 지금부터 그 얘기를 풀어보겠습니다.

중용은 이렇게 시작합니다.

천명지위성天命之謂性, 솔성지위도率性之謂道, 수도지위교修道之謂教
*우주의 질서를 성이라 하고, 그 성을 따름을 도라 하고, 그 도를 닦음

을 가르침이라 한다.

중용은 모든 것에서 중화中和를 이룬 상태를 말합니다. 희로애락의 감정에서 벗어난 '초탈'을 의미하는 것이 아닙니다. 쓰면서 휘둘리지 않는 것이고, 삶을 누리면서도 집착하지 않는 것입니다. 이런 경지에 도달하기 위한 실천 방식이 성실誠實이고, 이는 성誠의 실천實踐이라 풀이됩니다. 그러면 성誠이 무엇인지부터 알아야 되겠지요.

$$성誠 = 言 + 成$$

성誠을 파자破字하면 '말을 이룬다'는 뜻이 됩니다. 무엇보다 자기가 한 말부터 지키는 것이 시작입니다. 앞에서 밝혔듯 저는 단전호흡 도장을 다닌 적이 있는데, 수련을 오래 하신 선배 중에 '많이 자유로우신' 분이 한 분 계셨습니다. 갑자기 사라지고, 연락이 안 되고, 주변 사람들이 걱정하는 일이 잦았습니다. 본인은 자신이 자유로운 영혼이라 그렇다고 하지만, 제가 보기엔 그냥 제멋대로인 것 이상은 아니었습니다.

자유란 생각의 틀에서 자유로운 것을 뜻하지, 남에게 피해를 주는 것이 아닙니다. 수련을 꽤 했다는 사람들 중에서도 자유와 방종을 구분하지 못하는 사람들이 많습니다. 성실하지 못한 것이지요. 자신이 한 말을 지키려고 노력하다 보면, 지키지 못할 말은 하지 않게 됩니다.

자기가 한 약속을 지키는 것, 도덕 교과서에 나올 것 같은 이 덕목이 수행법이 될 수 있을까요? 삶에서 하는 대단히 어려운 수행이 맞습니다. 본래 성誠의 개념보다 훨씬 작은 '자기 말에 책임지기'조차 지키기가 어렵습니다. '밥 한 번 먹자'라는 말도 함부로 해서는 안 됩니다. 선의의 거짓말, 사소한 거짓말, 예의상 거짓말이 따로 있지 않습니다. 실제로 수련할 때는 티끌만한 거짓말도 무겁게 생각해야 합니다.

성실하려면 먼저 정직해야 합니다. 자신의 말이 무엇을 의미했는지를 돌이켜보고 함부로 말을 뱉지 않아야 합니다. 입으로는 궁극적인 진리를 얘기하면서 돌아서서 자기가 한 약속을 어기는 것은 말이 안 됩니다. 삶에 접목하지 않은 것입니다. 삶에 대입한다는 것은 '실천'을 의미합니다.

'내 말씀 안에 거해야 내 참 제자'라는 말을 다시 한 번 떠올리게 됩니다.

3 ───────── 있는 그대로 보기(깨닫기)

◉ 위빠사나와 관찰 수행 ◉

'있는 그대로 보기'가 무슨 수련법이냐고요? 저는 '참나 찾기' 강의의 첫 날, 이 얘기로 시작합니다. 결론부터 말하자면, 있는 그대로 본다는 게 많이 어렵습니다.

불교 경전을 읽어 본 분들은 아시겠지만 석가는 늘 이렇게 가르치셨습니다. '나는 이렇게 보는구나, 나는 이렇게 느끼는구나, 나는 이렇게 생각하는구나'라고 생각하라는 것이지요. 석가 수련법의 요체가 여기에 있습니다.

'이것이 맞다'와 '나는 이것이 맞다고 생각하는구나'는 완전히 다릅니다. 후자는 **처음부터 내가 틀릴 수 있다는 전제를 깔고 있습니다. 놀라운 수련법입니다.** 학문이든 예술이든 그런 태도가 당연하지 않냐고요? 물론입니다. 그런데 당연한 것을 당연한 줄 알고 당연하게 실천하는 것은 쉽지 않습니다.

위빠사나에도 뭐 별 게 있던가요? 당연하고 자연스럽습니다. 다만 실천이 어려울 뿐입니다. 창밖의 풍경을 보면서 '내 눈에는 초록색으로 보이는군. 원래는 무슨 색깔일까?'라고 생각할 수 있는 사람이 몇 명이나 될까요? '나는 지금 색안경을 쓰고 있으니 내가 보는 게 진실은 아니지'라는 사실을 놓치지 않고 대상을 관찰할 수 있는 사람은요?

위빠사나 수행을 하겠다고 미얀마까지 날아가는 분들도 있습니다. 위빠사나 수행의 목적이 통찰력을 얻기 위한 것이라는데, 걷다가 밥 먹고 다시 걷는 나를 보는 데서 무슨 통찰을 얻을 수 있을까요? 그런데 관찰력이 좋은 수행자들에게서 신기한 일이 일어납니다. 이렇게 관찰 수행을 하다 보면, 내가 걷겠다고 의식하지 않으면 걸어지지 않는다는 사실을 알게 되는 것이지요.

위빠사나 수행에서 관찰의 대상이 되는 것은 네 가지입니다. 즉 신수심법身受心法으로35 몸, 느낌, 마음(생각), 법(진리 혹은 이치)을 일컫습니다. 자신의 몸과 느낌, 생각을 지켜보면 걸으려고 생각해야 걸어지고, 멈추려고 생각해야 멈춰지는 것을 알 수 있습니다. 내 생각과 몸이 일치된 상태로 움직인다는 사실을 깨닫는 것입니다.

말로 표현하니 별것 아닌 것 같지만 이는 대단한 발견입니다. 하긴 이것이 무엇인지 스스로 느끼기 전에는 아무리 대단한 것이라 해도 이해할 수 없을 테지요. 아무튼 처음에 본 것을 정답이라 생각하는 함정에 빠지지 않으면서 제대로 관찰하면, 생각보다 많은 것을 얻을 수 있습니다.

관찰은 과학科學의 기본이기도 합니다. 사실 모든 진리를 찾아내는 방법이 관찰 아닐까요? 그런데 이 관觀을 잘 하려면 어떻게 해야 할까요? 우선 관심 있는 것이 있어야 하겠지요. 그 대상이 사물이든, 내 생각이든, 화두든 무엇이든 좋습니다.

다음으로 그것을 관찰하기 위해서는 주의를 기울여야 합니다.

---

35) 팔정도의 정념(正念)을 닦는 사념처(四念處) 수행의 대상이기도 하다.
36) 불교 수행법에서 사마타 혹은 삼매(三昧), 정(定)이라 칭하는 수행법. 의식을 한 대상에 집중하고 안정시켜서 마음의 에너지를 모으는 수행. 이렇게 모인 에너지를 이용해 법을 통찰하는 위빠사나(觀) 수행으로 넘어간다.

그래야 제대로 보이기 때문입니다. 그렇게 주의를 집중하는 것을 지止라고 합니다. 어딘가에 주의와 관심이 집중된 상태를 말하지요. 그 상태에서 편견을 버리고 대상을 있는 그대로 보려고 노력해야 합니다.

그 시작은 앞에서 얘기했듯이 내가 색안경을 쓰고 있다는 사실부터 인정하는 것입니다. 그 다음엔 어떻게 하면 색안경을 벗을 수 있을지 고민하면 됩니다. 이것이 위빠사나의 훌륭한 포인트입니다. 있는 그대로 보는 사람을 뭐라 부르는지 아십니까? 그것이 바로 부처입니다. 혹은 깨달은 사람이라고도 하지요.

의언진여와 이언진여

있는 그대로 보는 수련법은 대승기신론大乘起信論에 많이 소개되어 있습니다.

진여여실眞如如實이라고 하면 굉장한 것처럼 보이지만, 그 말도 정확하게 알고 나면 별것이 아닙니다. '있는 그대로 보기', '있는 그대로의 모습'을 한자로 옮기면 여실지견如實知見, 진여실상眞如實相, 이렇게 되는 겁니다. 사실은 그 다음에 나오는 개념에 더 집중해야 합니다. 바로 의언진여依言眞如와 이언진여離言眞如입니다.

依言眞如

離言眞如

도덕경의 첫 장과 비슷하지 않나요? 말로 표현되는 진여가 의언진여이고, 말을 떠난 진여가 이언진여입니다. 흔히 진리는 말로 표현할 수 없다고들 합니다. 말을 하는 사람의 수준에 따라 달라지기 때문이겠지요. 하지만 어려운 것이지 불가능한 것은 아니라고 생각합니다. **언어의 원 뜻을 철저히 탐구하면 의언진여**依言眞如 **로써 본래의 이언진여**離言眞如**를 드러낼 수 있습니다.** 결국 경전에 표현된 언어의 참 의미를 이해해야, 있는 그대로를 볼 수 있다는 것입니다.

　　도덕경에는 이런 얘기도 있습니다. 자연은 그저 존재하는데, 우리가 이름을 지어주면 그때부터 천지창조가 되듯 만물이 생긴다는 것입니다. 꽃이라 불렀더니 비로소 내게로 와 꽃이 되었다는 시 구절이 생각납니다. 어쨌든 우리가 만물에 새로운 생명을 준 것입니다.

　　그러나 말이나 글에 의지하면 그 언저리밖에 보지 못한다는 사실은 분명히 알고 있어야 합니다. **말이나 글은 진실 그 자체가 아니지만 '이름이 없었던 상태의 자연'과 '이름이 붙여진 자연'이 원래 같은 것이고 또 같아야 한다는 게 도덕경의 이론입니다.** 정말 현묘하고도 현묘한 세계입니다.

염화시중과 '행간을 읽는다'는 의미

염화시중拈華示衆의 미소란 말, 들어보셨지요? 흔히 이언진여離言眞如를 설명할 때 사용되는 말입니다. 대부분의 사람들은 이언진여와 의언진여가 별개인 줄 아는데 그렇지 않습니다. 의언진여依言眞如로써 이언진여離言眞如가 표현될 수 있고, 근본적으로는 둘이 같기 때문입니다.

이렇게 한 번 생각해 보세요. 우리가 스티븐 호킹의 책을 읽는다고 곧바로 그 사람의 사고에 도달할 수 있을까요? 언어란 말한 사람의 수준에 도달해야 똑같이 이해할 수 있는 것입니다. 일반대중이 신神이라고 말하는 것과 예수가 신이라고 말하는 것이 같을 수는 없는 겁니다.

여러분은 신이 무엇이라고 생각하나요? 천지 창조만 해놓고 무조건 화만 내는 존재라 생각하는 분도 있고, 원하는 것을 다 들어주는 존재라 생각할 수도 있어요. 또 모든 것 안에 있고 내 안에도 있는 존재라고 생각하는 분도 있습니다. 신은 신일 텐데, 왜 다 다를까요? 지금 여러분은 화두를 잡은 것입니다. 화두의 궁극에 올라가면 신을 이해하는 수준이 올라가는 것이고, 아니면 중간에 멈추는 것입니다.

'행간을 읽으라'는 말이 있습니다. 저자가 의도한 본래 뜻을 이해하란 뜻입니다. 의언진여依言眞如로써 이언진여離言眞如까지 도달하란 의미와 일맥상통합니다.

지금 알고 있는 의언진여의 콘셉트를 넘어서서 원래 이언진여의 개념으로 돌아가기 위해서는, 자연 상태에서 어떤 언어의 '본래 개념이 뭔가?'를 따져봐야 합니다. 왜일까요? 어떤 언어든 누군가가 이름 붙인 것이므로, 그 이름을 붙인 자와 그것을 사용한 자의 개념이 나에게 들어와야 하니까 그렇습니다.

◉ 의혹을 풀어가는 수행법 ◉

신라의 학자 박제상이 쓴 부도지符都志에는 우리 민족 고유의 수련법이 나옵니다. **바로 해혹복본**解惑復本**입니다.** 칠정七情에 물들어 하늘의 소리를 듣지 못하게 된 인간들에게 삼신할미가 당부한 말이라고 합니다. 해혹복본의 뜻은 어려울 게 없습니다.

의혹이 사라지면解惑 본래의 것이 살아난다復本.

화두話頭나 의두疑頭는 어떤 의문을 던지고 그 의문에 대한 답을 찾는 과정이라 할 수 있습니다. 그러면 의혹을 없애는 방법이 무엇이냐가 중요합니다. 지금부터 의혹을 풀어가는 수행법들을 모아 살펴보겠습니다.

삼일신고의 지감, 조식, 금촉 수련법

삼일신고三一神誥는 성性, 명命, 정精을 이루기 위해 지감止感, 조식調息, 금촉禁觸이 필요하다고 했습니다. 성을 닦는 수련법이 지감, 명을 닦는 수련법이 조식, 정을 닦는 수련법이 금촉인 셈이지요.

이중 성性 수련법인 지감止感은 본성性을 드러내기 위해서는 감정感을 잘 조절해야 함을 의미합니다. 명命 수련법인 조식調息은 곧잘 오해되는 개념인데, 이는 식息을 '숨'이라 생각하기 때문입니다. 하지만 조식의 '식'은 숨, 쉼, 삶 등의 포괄적 의미를 담고 있습니다. '식'의 의미를 숨 쉬는 것에만 한정하지 말고, 자신의 삶의 역할에 마음을 잘 써야 한다는 의미로 받아들이는 것이 합리적입니다.

정精 수련법은 금촉禁觸입니다. 몸에서 느끼는 감각에 휘둘리지 말라는 의미입니다. 두뇌를 거쳐 사람마다 상이하게 인식하는 감각적 지각은 참이 될 수 없습니다.

성수性修 〉 지감止感 〉 심心 수련
명수命修 〉 조식調息 〉 기氣 수련
정수精修 〉 금촉禁觸 〉 신身 수련

성명쌍수性命雙修에서 '성을 닦는 일'은 불교의 견성과 같이 선악의 경계를 넘는 것입니다. 이론의 여지가 없습니다. 그런데 '명을 닦는 일命修'은 달리 해석하는 경우가 있어, 제 생각을 밝힙니다. 저는 '명'을 닦는다는 것은 자신의 역할이 소중함을 스스로 깨닫는 것이라 생각합니다. 세상엔 청소를 잘 하는 사람도 있고, 꽃을 잘 가꾸는 사람도 있습니다. 그 역할에 중요하고 하찮음은 없습니다. 삶에서의 모든 역할이 다 소중하고 가치 있습니다.

앞에서 말한 조식調息이 바로 자신의 역할을 잘 이해하고 조절하는 것입니다. 이것이 명命에 대응하는 기氣를 닦는 참된 기 수련이라 생각합니다. 정精에 대응하는 신身이라면 조식이 호흡조절일 수도 있겠지만, 성명쌍수는 '심신수련'이 아니라 '심기수련'임을 명심해야 합니다. 명을 닦으려면 자신의 삶의 역할을 잘 이해하고 조절해야 하는데, 흔히 성명쌍수를 심신수련으로 잘못 이해한 탓에 '식息'이 '신身'과 관련된 호흡으로 잘못 알려져 왔다고 생각합니다. 이제 '조식'이 단순한 호흡법을 설명하는 말이 아님을 이해하시겠지요?

감정과 감각을 없애라는 것이 아닙니다

지감止感이나 금촉禁觸을 수련법이라고 하는 데 거부감이 느껴지시나요? 감정이나 감각은 저절로 일어나는 것인데 그것을 어떻게 멈추고 금할 수 있느냐는 거지요. 이는 끝없이 일어나는 '감정'과 안이비설신眼耳鼻舌身에서 느끼는 '감각'을 없애라는 말이 아닙니다. 어떤 상황이나 사건, 사물에 빠져 허우적대지 말라는 의미로 받아들여야 합니다. 내 감정과 감각을 있는 그대로 인정하면서 냉철하게 바라보면 됩니다.

이는 위빠사나 수련법과도 비슷합니다. 위빠사나에서는 화가 나면 '아, 내가 이런 상황에서 화를 내고 있구나'라고 바라보라고 합니다. 굳이 화를 가라앉히려고 노력하지 않아도 됩니다. 물론 결과론적으로 그렇게 바라보면 화가 금세 가라앉긴 합니다.

감정이야 그렇다 치고, 감각은 어떻게 하냐고 반문할 수 있습니다. 엄청난 치통에 시달리는 사람이 '아 나는 치통을 느끼고 있구나'라고 한다고 감각 자체가 사라지냐는 것이지요. 물론 사라지진 않겠지만 훨씬 견디기가 수월해집니다. 서양에서는 이미 이런 분야에 많은 실험을 했고 현재 의료 분야에도 적용하고 있습니다. 마음챙김 명상을 활용하는 MBSR[*]이 치료 테크닉으로 활용되는 대표적 수행법입니다.

지금 내가 많이 아프다고 해 봅시다. 칼에 베었든 수술을 했든 심하게 아플 때, 그냥 아프다고 할 게 아니라 '내가 굉장히 아파하

---

[*] MBSR(Mindfulness Based Stress Reduction), 즉 마음챙김에 근거한 스트레스 완화 프로그램의 대표적이다. MBSR은 만성통증, 우울증, 공황장애, 불안장애와 육체 및 자존감 향상에 효과가 있는 것으로 나타났다. 또한 일반인 회복에서도 스트레스 완화와 정서적 안정감을 증진시키는 것으로 보고되었다.

고 있구나' 하면서 바라보세요. 그러면 달라집니다. 믿기지 않더라도 속는 셈 치고 한 번 해 보세요.

음식 맛도 마찬가지 아닐까요? 내가 맛있다고 저 사람도 맛있는 게 아닙니다. '맛있다'가 아니라 '내가 이 음식을 맛있어 하는구나'라고 해야 합니다. 단정하는 대신 '나는 이렇게 느끼는구나'와 같은 식으로 조건을 달아야 합니다.

일상생활에서 이런 습관이 몸에 배면 본격적인 관찰로 들어갈 수 있습니다. '아, 내가 이런 상황에서 이렇게 반응하는구나' 하며 찬찬히 바라보세요. 미처 바라보지 못하고 지나갔다면 '그때 내가 이렇게 반응했구나, 좀 다르게 반응할 방법은 없었을까?'라고 되돌아봐도 좋습니다.

이렇게 나 자신을 객체처럼 다루는 데 익숙해지면, 근본적 문제 해결을 위한 통찰력이 생깁니다. 탈출구가 없어 보였던 답답한 상황이나 고통스러운 사건에서 점차 벗어나게 되고, 문제점이나 원인이 드러나 정확한 처방도 찾을 수 있게 됩니다. 점차 숙달되면 궁극의 진리를 찾을 수 있습니다.

간화선, 묵조선, 의두

간화선 看話禪은 여러분도 아시다시피 화두 話頭를 드는 참선입니다. 그런데 화두라는 것이 왜 생겼을까요? 제가 볼 때는 이렇습니다. 궁극의 가르침을 전하는 경전이 많아지다 보니, 단어의 뜻을 모르고 외우는 사람들이 많아졌습니다. 깨친 분의 입장에서 보면 큰 일이 난 겁니다. 그러지 말고 '생각을 좀 깊이 해서 그 말의 본뜻을 깨우치라'는 의미에서 화두란 장치를 마련한 것이지요. 즉, 생각을 깊이 하는 방식 중 하나가 화두입니다. 일설에 의하면 불교에는 1,700여 개의 화두가 있다고 합니다.

그런데 이 간화선과 대비되는 수행 방식이 묵조선默照禪입니다. 서로 자신이 옳은 수행법이라고 다투기도 합니다. 묵조선은 처음부터 내 안에 불성佛性이 있다고 인정하고 거기다 맡기고 들어가는 겁니다. 그러니 별 생각 없이 앉아 있어야 해요. 딱 하나, 내 안의 불성만 붙잡고 있는 거죠.

묵조선을 수행 방식으로 삼는 곳이 조동종曹洞宗인데, 이게 수행은 어렵지만 깨우치고 나면 굉장합니다. 내가 부처이고 신인 줄 아니까 신이 가진 많은 능력을 체험하게 됩니다. 하지만 처음부터 믿고 들어가야 하는 방식이라, 불교에서 말하는 근기根機가 뛰어난 사람이 아니고는 꽤나 어렵습니다.

의두疑頭는 원불교에서 사용하는 용어인데 불교의 화두와 유사합니다. 원불교를 창시한 박중빈朴重彬 대종사 역시 '깨닫고 보니 그 진리가 불교에서 말하는 것과 거의 같았다'라는 말을 남겼습니다. 원불교圓佛敎란 명칭 자체도 이와 무관하지 않겠지요. 화두든 의두든 자기가 던진 의혹의 뿌리를 완전히 없앨 수 있다면 그것이 한 소식 하는 겁니다.

명상의 의미, 소크라테스와 베이컨의 수행법

이제까지 아무 의심 없이 빈번하게 사용해온 명상이란 단어에 대해서도 짚고 넘어갈까 합니다. 명상冥想이란 '편견이 가미된 생각想'을 '없앤다冥'라는 의미를 담고 있습니다. 우리의 생각은 대부분 색안경을 쓰고 있습니다. 생각에서 색안경을 벗겨낼 수 있다면 진리를 바로 볼 수 있겠지요.

불교식으로 설명해 볼까요? 우리는 안이비설신眼耳鼻舌身, 즉 오감의 한계로 인해 본래의 청정한 색을 잘못 받아들이게 됩니다. 색수상행식色受想行識39)이라고 할 때의 '상想'이 바로 편견이 끼어든 생각을 말합니다.

우리는 감각기관의 한계와 잘못된 지식 때문에 사물, 상황 등을 바로 보지 못하고 이미지(있는 그대로가 아닌)가 가미된 상想으로 봅니다. 따라서 상想에서 편견이 가미된 이미지를 없애고 참모습을 보는 것이 명상입니다.

---

38) 원불교의 창시자인 소태산 대종사 박중빈(朴重彬: 1891~1943)은 26세 되던 1916년 4월 28일 새벽 대각(大覺)을 이뤘다. 원불교에서는 이 날을 개교일(開敎日)로 삼는다.
39) 초기불교에서 무아(無我), 즉 고정 불변한 자아는 없음을 설명하는 방식이다. 인간을 구성하는 다섯 가지 요소인 오온(五蘊)은 색온(色蘊: 육체, 물질), 수온(受蘊: 지각, 느낌), 상온(想蘊: 표상, 생각), 행온(行蘊: 욕구, 의지), 식온(識蘊: 마음, 의식)이다.

그러니 있는 것을 제대로만 봐도 제대로 된 식識이 생깁니다. 상相이 모여서 식識이 되므로, 상이 제대로 되어야 식이 제대로 되는 것입니다. 그래서 명상을 하는 거고요. 깨달음은 결국 앎이고, 오로지 앎으로만 바꿀 수 있습니다. 명상을 통해 앎인 식이 제대로 이루어지면 유식唯識 사상에서 얘기하는 최고의 체계, 즉 성불成佛이 가능해집니다.

지금까지 얘기해 온 수행법들은 결국 무엇을 바꾸는 것일까요? 우리에게 체화體化된 잘못된 앎을 바꾸는 것입니다. 소크라테스가 말한 토론도 이런 의미입니다. **내가 뭔가를 믿고 있다면, 왜 그것을 믿고 있으며, 왜 그것이 참이라고 생각하는지를 캐묻는 것입니다.** 그런 작업을 혼자서 하면 명상이고, 여러 사람이 하면 토론입니다. 제 경험에 의하면 홀로 하는 수행보다는 토론하며 수행하는 것이 진도가 빠릅니다. 강력히 추천하는 바입니다.

참고로 베이컨의 4대 우상偶像이 혁파란 개념도 소개합니다. 베이컨은 편견偏見의 종류를 네 가지로 나눴습니다. 종족의 우상, 동굴의 우상, 시장의 우상, 극장의 우상이 그것이지요. 이들을 혁파

해야만 진리에 도달할 수 있다는 것입니다.

저도 베이컨의 의견에 전적으로 동의합니다. **우리 생각에 덧칠된 우상 같은 편견들을 벗겨내면 진리는 저절로 드러납니다.**

4   진리의 춤

  동양권에서 '역易'이란 자연의 변화, 또는 자연 그 자체를 의미합니다. 주역은 자연의 변화를 음과 양의 체계로 설명하지만, 사실 자연은 그보다 훨씬 복잡하지요. 그렇다면 역근경易筋經이 말하는 역근易筋이란 무엇일까요? 말 그대로 자연의 변화를 담아내는 근육입니다.

  어느 날, 달마達磨에게 제자인 혜가慧可가 묻습니다. "스승님은 왜 선禪을 행한다면서 무술 같은 걸 하십니까?" 달마는 어떤 대답을 했을까요? 무선일미武禪一味, 혹은 무선불이武禪不二라 하지 않았을까요? 달마는 무술에 있어서도 당대 최고였다고 전해집니다.

그렇다면 '무선불이'의 경지에 이른 달마의 무술은 어떤 것이었는지 궁금하지 않으신가요?

무술이란 기본적으로 몸(근육)을 쓰는 것입니다. 저는 달마의 무술이란 우주 에너지가 저절로 몸을 움직이게 하도록 허용하는 것이 아니었을까 생각합니다. '나는 우주다, 나는 자연답다'라는 생각을 하면 에너지가 몸을 따라 흐릅니다.

그때의 에너지는 프리 벡터Free Vector, 즉 우주가 원하는 방향으로 흐르는 에너지입니다. 그 에너지가 내 안에서 어떻게 흐를지는 나도 모릅니다. 그 에너지가 앞으로 내딛겠다고 하면 나도 앞으로 내딛고, 뒤로 가겠다고 하면 나도 뒤로 갑니다. 내 안의 우주가 움직이는 대로 모든 동작이 나타납니다.

내 안에 있는 주체(그것을 참나라 해도 좋고 하나님, 우주라 해도 좋습니다)가 움직이도록 몸과 마음을 맡기는 것입니다. 철저한 '내어맡김' 수련입니다. 단, 내가 무武에 집중하면 내 몸은 무술에 맞는 자세와 동작을 취하고, 치유에 초점을 모으면 동작과 자세는 거기에 맞춰 바뀝니다. 이것이 바로 자연의 모든 변화를 담아낼 수 있는 근육, 역근易筋의 개념입니다.

여러분에게 익숙한 태극권太極拳도 그 출발이 비슷합니다. 원래 태극이란 우주의 카오스Chaos 상태를 말하는 것이므로 일미진중함시방一微塵中含十方이 터지는 힘이라 할 수 있죠. 거기에 초점을 맞추면 무정형無定型의 동작들이 나오게 됩니다.

이런 동작들을 두고 역근무易筋舞, 역근공易筋功, 태극무太極舞, 태극공太極功이라 말합니다. 영어로 표현하자면 프리 벡터 댄스 Free Vector Dance, 코스믹 댄스Cosmic dance, 내추럴 댄스Natural dance 정도 될 겁니다. 궁극의 자발공自發功이라 해도 손색이 없습니다.

원효는 환속 후에 한 손에 표주박을 들고 무애가無碍歌를 부르며 춤을 췄다고 합니다. 후에 이것이 음악이나 춤으로 발전했다는 거지요. 원효 당시에는 이를 어떻게 받아들였을까요? 무술이나 춤이 크게 다르지는 않지만, 내 안에 시방세계十方世界가 있어서 그 화엄華嚴의 세계를 춤으로 표현하고자 하면 춤이 되고 무술로 표현하고자 하면 무술이 되는 겁니다.

예전에 제가 자발공自發功 하는 모습을 보고 춤의 대가이신 이애주 교수[1]께서 하신 말씀이 있습니다. "그거 멋진 춤인 거 아세요?" 그때까지 저는 춤이라는 생각을 해 본 적이 없었습니다. 그저 우주의 힘에 따라 움직인 것뿐이었으니까요.

내 몸 안에서 우주의 힘이 흐르도록 허용하면 어떤 몸짓이 취해집니다. 제가 하고는 있지만 그것이 어떻게 흘러가고 어떤 것처럼 보일지는 모르는 것이지요.

어떤 분들은 라즈니시의 다이나믹 명상42과 비슷하지 않느냐고 하는데 차이가 있습니다. 다이나믹 명상은 음악에 맞춰 몸을 움직이는데 저는 음악을 사용하지 않습니다. 고요한 상태에서 오직 궁극의 진리에만 초점을 맞추고, 그 진리가 나를 통해 드러나도록 허용하기만 합니다.

이렇게 내 안의 나에게 몸의 움직임을 맡기는 수련법으로는 원효대사의 무애무無礙舞와 제가 하는 참나춤이 있습니다. 역근무易筋舞와 태극무太極舞도 유사합니다. 참나춤은 제가 자주 사용하는 수련법입니다. 자연을 닮은 동작으로 자연이 내 몸에서 피어나게 하는 춤이라 할 수 있지요.

5 ──────────── 주문 수련

'주문을 외운다'라고 하면 무슨 사술(邪術)을 쓰는 것처럼 생각되시나요? 만트라(Mantra)라고 하면 좀 나을까요? 아무튼 소리나 진동으로 우주의 에너지를 끌어들인다는 관점에서는 그게 그겁니다. 지금부터 소개하려는 것이 바로 동학의 교주인 최제우 선생이 말한 21자 주문(呪文) 수행법입니다.

21자 안에 도를 닦는 순서와 방법이 담겨 있습니다. 여러분의 선입견과는 달리 주문 수련은 동학이나 천도교, 도교, 불교에서

---

* 동학의 1대 교주인 최제우가 쓰고 제2대 교주인 최시형이 완성한 동학 경전 『동경대전(東經大全)』 속에 수록되어 있다.

전해지는 주된 수행 방식일 뿐 아니라, 직접 해보면 효과도 좋습니다. 궁금해 하실 분이 있을 것 같아 소개합니다.

至氣今至 願爲大降 侍天主 造化定 永世不忘 萬事知
지기금지 원위대강 시천주 조화정 영세불망 만사지

수행법 자체는 간단합니다. 뜻을 세워 위의 21자 주문을 외우면 지기至氣가 몸에 내려와 강령降靈 체험을 할 수 있고, 늘 강령을 할 수 있게 된다는 것입니다. 우주를 일기一氣라고도 하는데, 최제우 선생은 같은 뜻인 지기至氣로 표현했습니다. 이 수련의 특징은 강령이 되어야만 다음 수행으로 넘어갈 수 있다는 겁니다. 이론으로 깨달아 가는 것과는 다르지요. 지기至氣가 강령하면 모든 것을 아는 천주를 모신 것侍天主과 같습니다. 나의 기氣와 천주의 기氣, 즉 지기至氣가 온전히 하나가 되면造化定, 천주의 능력이 나에게 전이되어 모든 것을 알게 되는萬事知 것이지요.

어디서 많이 들어본 얘기 같지 않으십니까? 나와 천주가 하나가 된다는 것은 요가에서 말하는 신인합일神人合一의 경지와 다르지 않습니다. 21자 주문 수련은 기독교의 성령 체험을 극대화시켜 신인합일을 추구하는 대단한 수행법이라 할 수 있습니다. 21자 주문 속에는 신인합일의 상태가 되면 잃어버렸던 본래 존재의 능력이 되살아난다는 死而卯生 원리까지 들어 있습니다.

염불念佛도 대표적 주문 수련입니다. 하지만 '나무아미타불 관세음보살'을 24시간 입으로 외우기만 한다고 경지에 오를 수는 없습니다. 내가 아미타불이고 관세음보살이란 마음으로 간절히 주문을 외면 거의 같은 결과를 얻을 수 있습니다. 아미타불과 관세음보살이 현신하고, 내가 곧 그가 되는 경지가 열리는 것입니다.

도교 수행법 중에 비전秘傳의 주문 수련이 있어 소개합니다. 주역의 무극無極과 태극太極을 의인화한 무극황조無極皇祖와 십자영주신十字領主神을 반복해 외는 것입니다. 무극과 태극은 우주의 존재이자 질서를 표현한 것이어서, 그 자체로 살아 있는 자재신自在神이며 영靈, Spirit이라 할 수 있습니다. '무극황조'와 '십자영주신'의 뜻을 헤아리며 반복해 외우면 내가 곧 무극황조가 되고 십자영주신이 되는 경지에 달하게 됩니다. 소위 '신인합일'의 경지입니다.

지금까지 다양한 종교제도들의 수행법들을 설명했습니다. 이미 짐작하셨겠지만 어떤 종교제도와 수행단체의 수행법이 옳은지 그른지를 판단하는 기준은 단순 명쾌합니다. 그 수행단체가 '궁극적 진리를 표방하고 있는가', 그리고 '그 진리에 이르는 수행법을 가지고 있는가'를 따지면 됩니다.

4장

잘 보고
잘 생각하라

추천하는 진리 찾기

※ 있는 그대로 보기: 현상 속에 숨어 있는 본질 보기, 현상을 있는 그대로 해석하기

• 수행하는 자: 자유와 행복을 누리고자 진리를 찾는 자가 자신임을 확인한다. 내가 찾지 못하면 남이 결코 주입할 수 없음을 자각한다.

1   수행하는 자

앞에서 각 종교단체들이 행하고 있는 수련법들을 소개했습니다. 기독교와 불교처럼 굉장히 다를 것 같은 종교단체들이 놀라울 정도로 비슷한 수행 원리를 말한다는 것을 눈치챘을 것입니다. 그렇다면 이런 수행법들에서 공통적인 것을 뽑아내면, 그게 바로 수련의 요체가 아닐까요?

지금부터 얘기하려는 것이 그것입니다. 아주 훌륭한 수련법들 중에서 가장 중요한 내용을 추려서 제가 수행한 체험을 바탕으로 재구성해 보았습니다. 제가 참나찾기수련원에서 강의하는 내용이지만 일상적인 용어를 사용했기에 큰 거부감은 없으리라 생각합니다. 물론 어떤 개념들은 이해를 돕기 위해 제가 새로 정의한 것도 있습니다. 깨달음의 여정을 막 시작했거나, 그 길 가운데 있는 분들에게 아무쪼록 도움이 되기를 바랍니다.

'있는 그대로 본다'는 것은 어떤 의미일까요?

현상 속에 숨어 있는 본질을 보는 것입니다. 자연을 있는 그대로 보면 진리에 도달할 수 있습니다. 자연은 자신의 질서대로 스스로 그러하게 움직이는데, 그 원리가 진리이기 때문입니다. 자연을 있는 그대로 보는 사람을 부처라고 부른다는 것은 다들 아실 겁니다.

자연의 본질을 보면 '우아일체 범아일여' '일즉다 다즉일 중중무진'의 세계임을 알게 됩니다. 수행이란 진리를 진리로 받아들이는 것이지요. 외운다고 되는 게 아닙니다. 진리에 도달하는 것이 수련이고, 도달한 그 상태로 사는 것이 또 하나의 수련입니다.

그렇다면 이 모든 일을 행하는 주체는 무엇일까요?

다시 말해 지금 수행하는 자는 누구인가요? '나'라는 사실은 분명합니다. 내가 내 몸과 마음을 갖고 수련을 하는 것이지요. 그런데 수련을 통해 궁극에 올랐더니 '내 안에서도 그렇고, 내 밖에서도 그렇고, 우주가 다 그러하다'라는 것을 깨닫게 됩니다. 그렇다면 '나'는 도대체 뭘까요? '나'라는 것이 있기는 한 걸까요?

이렇게 되면 내가 있다고 정의하기 어렵습니다. 바로 있는데 없는 무아無我입니다. 하지만 처음 수련하는 사람이 무아를 머릿속에 두면 수련이 잘 안 됩니다. 왜냐고요? 누가 깨닫는 건가요? 바로 나이기 때문입니다. 깨닫고 나서 봤더니, 깨달은 주체는 나인데 그게 '무아'더라는 겁니다.

그게 그거라고 생각하면 안 됩니다. 다릅니다.

'나는 무아이다'가 진리이긴 하지만 **깨달아가는 과정에서는 깨달음의 주체가 '나'임을 분명히 해야 합니다.** 이것이 불명확하거나 정리되지 않은 상태에서는 앞으로 한 걸음도 더 나아갈 수 없습니다.

─────── ※ 마음 알기識心와 마음 잘 쓰기調心 ※ ───────

• 인간은 마음으로 정신작용을 한다. 순간순간 떠오르는 정신작용을 '생각한다'라고 하고 그때 떠올려진 것이 그 순간의 내 생각(念)이다.

念　　思　　想

• 우리는 생각을 통해서 세상을 보고 평가한다.
생각(念, 想)이 모여서 생각들(思)이 만들어지고, 어떤 대상을 볼 때 자기의 지식+체험 수준에 따라 자신만의 고정된(편견이 가미된) 생각(想)이 만들어진다. 이러한 상(想)들에 대응하는 앎(識)이 정해지면 그것이 자신의 앎의 수준이다.

지식 + 체험 → 앎

자신의 앎(識)을 받아들이는(認) 사고 작용을 認識(인식)이라 한다.

알아차림　　┌── 감각적 지각(Sensory Perception)
(인식, 인지, 지각) ── 고감각적 지각(Higher Sensory Perception)
　　　　　　└── 초감각적 지각(Extra Sensory Perception)

- 그러므로 진리에 도달하는 수행의 핵심은 현재 자기의 낮은 인식 수준을 인정하고 내 앎의 수준을 끌어 올려 궁극적인 진리가 내 앎의 수준이 되도록 하는 것이다.
  → 識大化(식대화) 수련, 魂識(혼식)의 증대

- 그러려면 그 목표가 내 뜻(意)이 되어야 하고, 그 뜻과 관련된 나의 앎(識)의 수준이 곧 내 意識(의식)의 수준이다.

$$音 + 心 → 意$$

- 意定(의정) → 純粹意識(순수의식), 絶對意識(절대의식)에의 도달

- 意定한 意가 늘 나의 念이 되도록 노력해야 한다.

※ 결국 마음을 잘 쓰려면 생각을 잘하여야 한다.

2 ── 마음 알기와 마음 잘 쓰기

　앞에서 수행에 앞서, 그 주체를 명확히 하는 과정이 필요하다는 얘기를 했습니다. 이제 다음에 할 일은 '마음 알기'와 '마음 잘 쓰기'입니다. 지금부터 자세히 알아보겠습니다.

　마음을 아는 것을 식심識心이라 하고, 완전히 마음을 깨달으면 견성見性했다고 합니다. 혜능慧能 대사는 '식심 하면 견성한다識心見性'라고 했습니다. 우리가 쓰는 마음을 잘 알기만 하면 본래의 성품性을 알게 된다는 뜻입니다. 본래의 성품이란 성명정性命精의 우주 원리, 질서를 말하는 것이겠지요.

그런데 마음을 아는 것과 이 마음을 쓰는 것은 당연히 다릅니다. 마음을 잘 쓴다는 것은 마음을 조절하고 다스릴 줄 안다는 것인데, 이런 수련을 가리켜 조심操心이라고 합니다.

우리는 마음을 통해 정신 작용을 합니다. 그리고 매순간 떠오르는 정신 작용을 '생각한다'라고 표현합니다. 여러분은 지금 이 순간도 생각을 하고 있습니다. 눈 뜨고 있는 시간 내내 멈추지 않습니다. 그런데 우리가 당연하게 쓰고 있는 이 '생각'이란 단어에 대해 좀 더 깊이 생각해 봐야 합니다.

3가지 생각, 思사 想상 念념

자, 생각을 뜻하는 한자어 하면 뭐가 생각나십니까?

'생각할 사思'가 떠오를 것이고, '생각할 상想', '생각할 념念'이 연이어 떠오를 것입니다. 문자가 개념과 상응한다고 보면, 3개의 문자는 3개의 개념을 갖고 있을 터입니다. 우리가 생각을 잘하려면 뭉뚱그려 '생각'이라고 하는 것을 좀 나눠 볼 필요가 있겠지요?

저는 생각이란 단어를 사용할 때 앞의 세 가지로 나눠 써야 한다고 봅니다.

우선 생각 념念은 지금 내 마음에 떠오른 생각입니다. 지금 내 생각, 지금 내 마음이니 매우 중요합니다. 특히 수련에서는 이 '념念'의 개념을 중시합니다. 일념一念이니 무념無念이니 하는 걸로 논쟁을 벌이기도 합니다. 한 쪽에서는 일념이 되어야 한다고 하고, 다른 쪽에서는 무념이 되어야 한다는 것이지요.

우리가 흔히 쓰는 단어로 '무념무상無念無想'이 있습니다. 여러분은 오늘 아무 생각이 없었던 무념 상태가 얼마나 있었나요? 아마 기억이 나지 않을 겁니다. 우리는 잠자거나 아주 짧게 멍 하는 순간을 제외하고는 어떤 생각이든 하고 있습니다.

저는 아무 생각도 아니하는 것마저도 일념一念이라고 봅니다. 다시 말해 무념無念도 일념一念인 것이지요. 태을금화종지太乙金華宗旨도 무념無念이 일념一念이라고 밝히고 있습니다.

무념을 주장하는 이들은 혜능 대사도 무념을 말했다고 합니다. 하지만 혜능의 무념은 아무 생각이 없는 것이 아니라 진여정념眞如正念을 의미합니다. 이는 혜능 자신도 밝혔고, 책을 번역한 성철 스님도 주석을 달아 설명했습니다. 그러니 혜능의 무념무상은 실제로는 정념正念을 일념一念으로 삼은 정념무상正念無想인 셈입니다.

단순하게 말하면 우리가 뭔가에 집중할 때, 그 한 생각을 '일념'이라 합니다. 그러니 뭔가 깨닫길 원한다면 어떤 주제를 일념으로 할 것인지가 매우 중요합니다. 일념에서 벗어난 생각이 떠오르면 그것을 잡념雜念이라고 합니다.

지금 내 마음, 지금 내 생각이 념念이라고 했습니다. 그런데 갖가지 마음과 생각들이 밭田처럼 많이 모여 있다면 그것이 바로 '생각 사思'입니다.

그렇다면 '생각 상想'은 어떤 개념일까요? 앞에 나왔던 '색수상행식色受想行識'을 떠올리면 됩니다.

어떤 사물이나 현상을 보면서 '아, 그거~'라는 생각이 들었다면 그것이 상想입니다. 상想은 '참'이 아니라 '이미지'입니다. 완전히 깨달은 사람이 아니라면 당연히 오해와 편견이 담겨 있기 마련입니다.

그래서 상想을 없애려는 노력, 즉 명상冥想, 瞑想이 필요한 겁니다. 상想이란 잘못된 지식·정보와 감각기관으로 인한 불완전성 때문에 대상을 잘못 해석하고 있다는 전제가 깔려 있습니다. 불교에서는 안이비설신의眼耳鼻舌身意의 한계로 인해 발생하는 번뇌가 108가지라고 하고 이를 백팔번뇌라 부릅니다.[14]

우리는 불완전한 감각에서 오는 오류, 사전事前에 갖고 있던 지

---

[14] 『아비비설신의』의 6근六根이 '색성향미촉법色聲香味觸法'의 6경六境을 대할 때 호오평등好惡平等: 좋아하거나 싫어하거나 좋아하지도 싫어하지도 않으며 3가지로 분별하기 때문에 총 18가지의 번뇌가 생긴다. 그런데 18가지의 번뇌가 다시 염染과 정淨으로 나뉘므로 총 36가지(18×2=36)의 번뇌가 존재한다. 36가지의 번뇌가 다시 과거, 현재, 미래로 나뉘어져 총 108가지의 번뇌가 생긴다는 것이다.

식에서 비롯된 오류로 인해 제대로 된 '앎'에 이르지 못합니다. 따라서 있는 그대로를 보지 못하는 무명無明이 생기고, 여기서 12연기緣起가 만들어지는 겁니다.

무명無明에서 명明으로 가는 것이 깨달음이고, 이것이 연기에서 벗어나는 방법입니다. 진리를 깨닫기 위해서는 특정 주제를 일념一念으로 삼고 그 주제에 초점을 맞춰야 합니다. 그렇게 숙려하다가 삼매에 들면, 편견인 상想이 사라지는 명상冥想 상태에 이릅니다. 이때가 바로 무상無想이므로 정답과 정견正見을 얻을 수 있습니다. 명상의 참 의미가 이것입니다.

一念無想

*이때의 일념一念이 진여정념眞如正念이면 궁극적 진리에 초점을 맞춘 것입니다. 편견과 오해가 사라진 무상無想에 도달해 정답을 얻는다면 견성見性했다고 할 수 있습니다.

우리는 생각을 통해 세상을 보고 판단합니다. 이를 바꿔 말하면, 내가 생각하는 수준이 곧 나라는 존재의 인식 수준입니다. 이를 앞에서 얘기했던 생각의 3가지 종류와 연결해 보겠습니다.

念과 想이 모여서 思생각들가 만들어집니다. 어떤 대상을 볼 때 자신의 '지식+체험' 수준에 따른 편견이 가미되어 만들어진 것이 想생각인데, 이러한 想들에 대응하는 識앎이 정해지면 이것이 각자의 앎의 수준입니다. 여러분이 무언가를 '안다'고 생각할 때는 위의 프로세스를 거쳐서 판단한 것입니다.

컴퓨터에 기본 프로그램들이 깔려 있듯이, 우리에겐 각자의 판단 기준들이 기본으로 깔려 있는데 본인이 인지하기는 어렵습니다. 너무나 자연스럽게 작동되기 때문이지요. 놀랍게도 불교는 여기에 관련된 이론들을 갖고 있습니다. 말나식末那識15, 아뢰야식阿賴耶識16 등이 그 예입니다.

우리의 몸과 마음은 있는 그대로를 받아들이기 어렵도록 설계된 것이 사실입니다. 감각기관과 두뇌가 그렇고, DNA와 RNA로 생명이 이어지는 한 그렇습니다. **우리를 인간이게 하는 그것들이 우리에겐 선물임과 동시에 한계이기도 합니다. 미리 경향성을 가지고 태어나는 거지요. 결국 우리의 사유 능력을 기초로 다시 경향성이라는 한계를 넘어가야 합니다.**

만약 여러분이 견성, 득도와 같은 높은 경지의 '앎'을 추구한다면, 현재 자신의 수준은 매우 미약하다고 전제해야 합니다. 수련자라면 모름지기 이렇게 다짐해야 합니다. "앞으로 갈 길은 멀고 내 판단에는 오류가 많다. 그러나 정신만 잘 차리면 분명히 도달할 수 있다. 원래의 나를 깨닫는 거니까."

식識의 영역을 넓히는 식대화識大化 수련

안다는 것에 대해 좀 더 얘기해 보겠습니다. 우리의 앎이 비록 정확한 것은 아니라 해도, 우리는 자신의 체험, 지식, 윤회하며 남은 기억 등을 바탕으로 이런저런 판단을 내립니다. 이렇게 해서 앎, 즉 식識이 결정되는데 **식을 받아들이는 작용이 바로 인식認識입니다.** 그러니 식識의 영역을 넓히면 인식의 수준이 높아지게 됩니다. 이것이 바로 식대識大, 혹은 식대화識大化 수련입니다.

식識이 커지면 완전한 식에 도달할 수 있습니다. 혜능선사의 식심견성識心見性이란 말도 '마음에 대한 식이 궁극에 달하면 성을 본다'는 뜻이 아니겠습니까. 인식의 수준이 바뀌고 세상을 보는 기준이 달라지는 겁니다. 아는 것이 다르니 당연히 판단이 달라집니다. 인식의 전환이 이루어졌다는 말의 진짜 뜻은 이러합니다.

내가 무엇을 '안다'는 의미는 뭘까요? 누누이 말하지만 외우는 것이 아니고 '아는' 것입니다. 예를 들어보겠습니다. 두 사람이 화엄경을 공부했습니다.

한 사람은 스스로 경전을 공부하고, 강의도 듣고, 체험도 하고,

삶을 관찰하며 수련도 했습니다. 수련이 깊어지다 보니 어느덧 화엄경의 주장인 '일즉다 다즉일 중중무진'이란 진리를 이해하게 되었습니다. 현실세계가 바로 화엄의 세계라는 것을 믿게 되었다고 해도 맞는 말입니다. 이것이 믿어지면 우연도 선악도 사라집니다. 그 기준에 선악이 있다면 진리를 이해한 것이 아닙니다.

그런데 한 사람은 화엄경을 이해한 것이 아니라 외웠습니다. 그는 선악이 없어진다는 것을 이해하지 못합니다. 이런 사람들은 오히려 자기의 가치관을 고집하고 강요하는 경향이 있습니다.

'일즉다 다즉일 중중무진', '일미진중함시방'. 원리 자체는 단순하고 쉽습니다. 그런데 여러분은 이 문장이 이해가 되시나요? 이해가 된 듯한데, 자세히 헤아려보면 아는 게 없는 것 같은, 그런 느낌 아닌가요? 쉽진 않습니다. 아니 어렵습니다.

하지만 앞으로는 과학도 분명 그 세계로 갈 겁니다. '아무리 작은 것 안에도 우주가 있고, 그 자체가 우주다'라는 식으로 맞물리는 '일즉다 다즉일 중중무진'의 세계를 풀어내지 않으면 안 됩니다. 우주의 근원을 풀고자 하는 초끈이론도 예외가 아닙니다. 과학이든 철학이든 최고의 진리를 만족시키지 못하면 정답이 아닙니다.

최고의 진리는 이미 나와 있습니다. 거기에 해당하는 물리 법칙을 찾는 것이 물리학이 해야 할 일입니다. 제1공리는 철학과 물리학을 가리지 않습니다.

감각적, 고감각적, 초감각적 지각

이제 보다 중요한 개념을 설명하려고 합니다. 인식이란 앎을 받아들이는 것, 즉 '알아차림'인데 알아차리는 방식을 제가 좀 나눠 봤습니다. 즉 감각적 지각, 고감각적 지각, 초감각적 지각입니다.

먼저 **감각적 지각**Sensory Perception은 오감을 통해 이루어집니다. 그런데 오감을 넘어선 육감이란 것이 존재합니다. 수련을 하다가 귀신도 보고 오라Aura도 보았다는 분이 있는데, 그런 것을 **고감각적 지각**Higher Sensory Perception이라 합니다. 감각과 고감각高感覺이 다르다는 것은 모두 아실 테고, 저는 뭐가 같은지를 설명하려고 합니다.

감각이란 기본적으로 인체의 안이비설신眼耳鼻舌身을 통해 들어온 모든 자극을 두뇌가 재구성해서 판단한 것입니다. 그런데 고감각 역시 두뇌의 판단이란 점에서 같다는 것입니다. 귀신을 보고, 전생을 보고, 계시를 받는 것이 고감각에 의해 이루어지는 것은

---

47) 우주의 근원 물질이 무엇인지는 아직 명확히 밝혀지지 않았지만, 오랫동안 물질의 최소 구성단위가 구의 형태라고 생각해왔다. 그런데 1970~80년대 이후 대두된 초끈이론(Superstring Theory)에서는 만물의 궁극을 끈과 같은 형태라고 본다. 즉 우주 만물은 소립자나 쿼크 같은 기존의 단위보다 훨씬 작은 '진동하는 가느다란 끈'으로 이루어져 있다는 것이다. 바이올린이나 첼로에서 다른 소리가 나는 이유가 현의 진동 패턴과 주파수가 다르기 때문인 것처럼, 끈들이 진동하는 패턴에 따라서 각 입자마다 고유한 성질이 생긴다고 설명한다.

맞지만, 이 역시 여러분 머리에서 재구성된 것이란 사실을 잊으면 안 됩니다. 제대로 된 수련자라면 '내 눈엔 이렇게 보였다. 나는 이렇게 들었다'라고 해야 하는 겁니다. 진리가 아닐 수도 있다고 판단해야 합니다.

그렇다면 초감각超感覺이란 뭘까요? 흔히 초감각적 지각, 초감각적 인식이라고 표현합니다. 혹시 'ESP Extra-Sensory Perception'란 말을 들어보셨나요? ESP가 바로 초감각적 지각입니다. 그런데 많은 사람들이 ESP와 고감각적 지각을 혼동합니다. 앞에서 말했지만 고감각에는 두뇌의 인지 작용이 개입되지만, 초감각엔 두뇌의 판단, 인지 역할이 없습니다. ESP는 감각적인 것을 벗어난 지각, 인지입니다.

그렇다면 우리의 통상적인 판단 능력 밖에서 일어나는 일입니다. 이것을 과연 '인지할 수 있을지'부터가 의심스럽습니다. 여러분은 가능하다고 생각하십니까?

제가 하는 수련 강의는 초감각적 지각이 존재한다는 것을 인식시키는 것으로 시작합니다. 두뇌가 절대 판단하지 못하는 것을 판단하게 해주고, 눈으로 못 보는 것들을 수련을 통해서 찾을 수 있게 만들어주는 것이지요.

내 오감을 포함한 '두뇌'는 전혀 모르는데, 내 몸을 포함한 '나'는 알고 있다면, 그것이 바로 초감각적 지각이 존재한다는 증거일 것입니다. 감각을 벗어나 있는 내 안의 인지 능력, 이것이 초감각적 지각입니다. 그리고 관찰을 해보면 ESP는 내 의지와 상관없이 늘 내 안에 있다는 것을 알게 됩니다.

초감각적 지각 체험과 그 의미

초감각적 지각을 지금 당장 경험할 수 있는 것이 자발공自發功과 다우징Dowsing[48]입니다. 자발공을 하면 두뇌의 판단과 관계없이 몸이 움직입니다. 여기엔 최고의 근본 원리가 숨어 있습니다. 두뇌의 스위치를 끄고, 내 안에 존재하는 내적인 힘이 움직이도록 허용하면 몸이 저절로 움직입니다.

더 멋있고 예쁘게 움직이려는 의도는 없어야 합니다. 무용처럼 보이게 하려거나 무술처럼 보이게 하려는 의지도 없어야 합니다. 나도 잘 모르는 나의 내적 시스템에 그냥 내 몸을 완전히 맡긴다는 의도만 있으면 됩니다. 나의 두뇌는 내 몸이 어떻게 움직일지 모릅니다. 그런데 몸 안에서 근육, 경락, 기혈, 신경계가 알아서 움직입니다.

---

48) 추 형태의 펜듈럼, L자 모양 막대인 엘로드(L-rod)의 미세한 움직임을 감지해 답을 얻어내는 행위를 말한다. 머릿속으로 질문을 하면 몸이 반응을 통해 대답을 준다. 질문만 명확하면 늘 답을 주는데, 내 안에 답을 주는 내적 시스템이 존재한다는 증거이다.

혹시 직접 다우징을 해 보신 적이 있나요? 다우징 역시 두뇌의 알아차림과 상관없이 몸이 반응을 하는 겁니다. 적어도 내 안에 실재하는 무언가가 있다는 증거 중 하나라고 인정해야 합니다. 다우징이 안 된다는 사람은 없습니다. 처음 했는데 바로 되는 분도 있고, 한 시간 정도 연습하면 90% 이상의 성공률을 보입니다. 시간문제이지 결국 누구나 다 됩니다.

위빠사나 역시 깊은 경지에 가면 몸이 어떻게 움직이는지 알게 됩니다. 내가 걸어간다고 할 때 나를 움직이고 있는 힘은 무엇일까요? 이 힘의 주체는요? 서양의학에서는 의지로 수축할 수 있는 근육을 수의근隨意筋, 그렇지 못한 근육을 불수의근不隨意筋이라 합니다.

그런데 수의근과 불수의근은 정말로 무 자르듯 나눠지는 걸까요? 우리가 걸을 때 정말 수의근만 일하고 불수의근은 놀았을까요? 논리적으로도 맞지 않습니다. 보다 정확하게 표현하자면, 우리는 수의근과 불수의근을 다 동원해 움직이고 있습니다.

이를 뒤집으면 놀라운 사실이 발견됩니다. 내가 나를 완전히 통제한다고 생각하지만, 사실은 내가 인식하지 못하는 대단한 내적 시스템이 내 의지에 반응해 움직이고 있는 것입니다.

저는 자발공自發功을 비롯해 다우징, 원격 탐지, 오링 테스트

O-Ring test49) 같은 것을 좋아합니다. 내 머리로는 판단할 수 없는 것들을 내 몸이 정확하게 판단하고 답을 주기 때문입니다. 이중 여러분에게 가장 친근한 것이 오링 테스트일 겁니다. 요즘은 한의사들도 많이 활용하더군요. 오링 테스트를 하면 어떤 사물을 손에 드느냐에 따라 분명히 힘의 차이가 납니다. 이 차이는 도대체 뭘까요?

물리학적으로 설명해 볼까요? 힘은 질량 곱하기 가속도(f=ma)입니다. 질량과 가속도 때문에 힘의 차이가 생긴다는 거죠. 야구공을 받을 때, 뒤로 당기면서 받으면 충격이 덜한 것은 가속도가 줄어들기 때문입니다.

검사자가 가속도만 일정하게 하면, 피검사자에게 똑같은 힘을 부과할 수 있다는 얘깁니다. 그런데 같은 조건에서 피검사자의 힘이 달라진다면, 검사하는 대상에 대한 피검사자의 반응이 달라진 것이라 해석해야 하지 않을까요? 피검사자의 팔을 수평으로 뻗게한 후에 검사자가 아래로 내려 누르는 완력 테스트도 같은 원리입니다.

---

49) 피검사자의 한쪽 손에 검사하려는 물건을 올려놓고, 다른 손은 엄지와 검지로 링을 만든다. 이 상태에서 검사자가 엄지와 검지로 만든 링을 벌려서 떨어지는 힘을 체크함으로써 검사하려는 물건과 피검사자가 얼마나 적합한지를 시험하는 방법이다.

많은 사람들이 오링 테스트에 대해 오해하고 있는 측면이 있습니다. '틀릴 때가 많다'는 거죠. 그런데 '맞다 틀리다'를 떠나서 음식이든, 옷이든, 사물이든 테스트를 하면 분명히 힘의 차이가 난다는 사실이 중요합니다. 다른 모든 기술과 능력을 습득할 때와 똑같이, 정확히 하려면 철저한 연습이 필요합니다. 잘못된 방식으로 몇 번 해 보고, 엉터리라고 쉽게 말하는 사람들에겐 해줄 말이 없습니다.

　물론 다우징이나 오링 테스트를 하는 사람들은 철저한 연습을 통해 오류를 줄이고 정확한 성과를 내도록 노력해야 할 것입니다. 천하의 명품 붓을 갖고 있다고 모두가 명필이 되는 것은 아닌 것과 마찬가지 원리입니다.

　정답을 '찾고 못 찾고'보다 중요한 것은 내 머리를 거치지 않았는데도 답이 나왔다는 겁니다. 내 안에 뭔가가 있다고 생각하지 않을 수 없습니다.

　물리학 얘기를 한 번 더 해 볼까요? 스위스에 있다는 최첨단 입자가속기에 대해 들어보셨지요? 그런데 최고의 물리학자들이 가장 좋은 입자가속기(粒子加速器)로 입자를 충돌시키는 실험을 하면, 그 자리에서 답이 나오나요? 천만의 말씀이겠지요.

　실험의 결과치는 인간이 알아볼 수 있게 여러 가지 그래프와 수치로 표시될 것입니다. 그 데이터를 가지고 세계 최고의 학자들이 오랜 시간 연구하고 논의한 결과가 논문이 되고 노벨상의 업적이 되는 겁니다. 입자가속기라는 기계와 실험 그 자체도 중요하지만, 실험 결과에 대한 '해석'이 매우 중요하다는 말입니다.

여러분의 선입견과는 다르게 과학조차도 해석의 영역입니다. 그런데 내 안에 깃든 내가 모르는 능력(내 '머리'로는 알지 못하는 것을 식별할 수 있는 뭔가가 내 '몸' 안에 있다는 것)을 보여주는 실험들, 즉 다우징이나 오링 테스트는 비과학적인 것이고 입자가속기는 최고의 과학이라 단언할 수 있는 걸까요? 또, 입자가속기는 오링 테스트에서 나타나는 내적 힘의 차이가 무엇인지 규명해줄 수 있을까요?

과학은 가설을 세우고, 그것을 입증하기 위한 실험을 하고, 실험의 결과물이 과연 당위성이 있는지 해석하는 겁니다. **'있는 그대로를 본다는 것'은 갑자기 그냥 알아지는 것이 아닙니다. 여러 가지 증거들을 분석하고 정리해서 편견과 오해가 사라진 정확한 해석을 내리는 상태를 말합니다.** 이해가 되십니까?

그런데 놀라운 것은 과학적인 사고를 한다는 분들마저 다우징과 오링테스트를 처음부터 무시하는 경우가 많다는 것입니다. 다우징과 오링테스트가 중요한 것은 누구나 다 된다는 데 있습니다. 특정한 사람만 능력을 보이는 것과는 차원이 다릅니다. 객관성과 보편성이 있다는 점이 다릅니다.

다우징할 때 사용하는 엘로드(L-rod)는 감각적 지각을 하는 우리의 두뇌는 알 수 없었던, 아주 미세한 몸의 반응을 확대해주는 도구입니다. 두뇌를 거치지 않은 또 다른 인지 체계가 내 안에 있음을 알려주는 증거라 봐야 합니다. 그리고 그 **특별해 보이는 인지 체계가 선험적, 선천적이며 인간 누구에게나 있는 아주 보편적인 능력임을 알게 됩니다.** 왜냐고요? 다우징을 체험하면 초감각적 지각을 체험했음을 알게 되고, 그에 따라 내 몸과 나에 대한 해석이 바뀌고, 넓게 보면 인간, 사물, 우주에 대한 해석이 바뀌게 되기 때문입니다.

저는 다우징을 할 때 엘로드를 쓰지 않습니다. 미세한 변화를 알아채는 연습을 많이 했기 때문입니다. 원리를 알고 나면 엘로드나 기억자 막대기가 꼭 필요치는 않습니다.

대부분의 수련하는 분들이 정말로 오해하는 것이 있습니다. 수련을 하면 갑자기 신이 와서 계시를 내려주고 어떤 능력이 생긴다고 생각하는 겁니다. 사실 신도 우주도 늘 내게 즉답을 주고 있지만, 내가 깨닫기 전에는 그 답을 알아채지 못합니다. 깨달음이란 물리학자들이 입자가속기를 사용해서 답을 내는 과정과 하나도 다르지 않습니다. 공짜로 깨달음을 얻겠다는 생각은 하루 빨리 버려야 합니다. 깨달음엔 공짜가 없습니다.

내가 관찰하는 모든 것에서 불변의 진리를 찾아내야 합니다. 눈앞에 있는 객관적이고 보편적인 증거를 못 알아보고, 결론을 내릴 수 없다면 '잘 모르는 상태'로 놔두어야 합니다. 본인이 잘 모른다고 틀렸다고 해서는 안 됩니다. **사실 현실세계가 바로 화엄의 세계라는 것 역시 깨닫고 보면, 그 증거가 너무나 많이 있었는데 그동안 못 알아보았었다는 것을 알게 됩니다.**

내가 모르는 인식 체계, 즉 초감각적 지각 체계가 존재한다는 것은 굉장한 일입니다. 더구나 그 인식 체계가 선험적, 선천적이고 누구에게나 내재되어 있다는 사실은 객관성과 보편성을 담보할 수 있는 정말 엄청난 것입니다. 우리의 본질을 다시 생각하게 하는 아주 훌륭한 증거란 말입니다.

내가 맞다 하든 틀렸다 하든, 그건 그대로 존재합니다. 다우징이나 오링 테스트도 그런 관점에서 생각해야 합니다.

먼저 '뜻'을 정하고 '앎'을 키워 갑시다

모든 수련법에 있어, 있는 현상을 제대로 바라보고 해석하는 것이 중요합니다. 제대로 바라보려고 하는 것 자체가 수행입니다. 앞에서 설명했듯 '앎'의 수준을 올림으로써 인식의 전환을 이루는 것이 식대화 識大化 수련입니다.

그렇다면 수련은 무엇으로부터 시작되어야 할까요? 불교에서는 안이비설신의眼耳鼻舌身의 6식안식眼識, 이식耳識, 비식鼻識, 설식舌識, 신식身識, 의식意識에 말나식과 아뢰야식을 더해 8식이라고 합니다. 여기에 암마라식菴摩羅識, 또는 무구식無垢識 등으로 불리는 제9식을 첨가하기도 합니다. 여기서 '안이비설신'까지의 소위 전오식前五識은 비교적 쉽습니다. 우리의 감각기관을 통한 인식 작용을 의미하는 거니까요.

6식 중 의식意識은 일상에서도 빈번하게 쓰이는 말이지요. '의식이 있다 없다'부터 잠재의식, 무의식에서 순수의식純粹意識과 절대의식絶對意識까지. 그런데 의식이란 게 뭘까요? 수련을 할 때는 위에서 말한 여러 가지 식識 중에 무엇을 써야 할까요? '안의비설신' 다섯 가지를 다 쓰지만 가장 중요한 것은 뜻을 세우는 일일 것입니다.

뜻 의意 → 음音 + 심心

'뜻 의'를 파자破字하면 뜻밖에도 음音이란 글자가 나옵니다. 마음 중에 어떤 특정한 마음을 특정한 음이라고 생각한다면, 그 음을 정하는 것이 뜻을 세우는 것입니다. 수행의 큰 뜻을 이루신 분들은 깨달음을 음악에 비유해 설명한 경우가 많습니다. 원래 뜻意이라는 글자가 이렇게 음音과 깊이 연결되어 있습니다.

수행을 할 때는 '도레미파솔라시도'란 음계 중에 '도'에 맞출 것인지 '솔'에 맞출 것인지를 결정해야 합니다. 돈인지, 명예인지, 행복인지, 아니면 궁극적 깨달음인지 말입니다. 여러분도 여러 가지 마음을 쓸 수 있지만, 그중에 내가 가치 있다고 생각하는 하나의 마음(하나의 음)에 초점을 맞춰야 할 것입니다. 그것이 바로 '뜻을 세우다' 혹은 '뜻을 두다'의 의미입니다.

그러니 수련이란 '뜻을 정하는 것'으로 시작해야 합니다. 그리고 **그 정한 뜻**意定**을 언제나 유일한 '지금 내 생각**念**'으로 유지하여야 합니다.** 즉, 일념이 되어야 합니다. 그 일념이 아닌 생각이 지금 이 순간에 떠오른다면 우리는 이를 잡념雜念이라고 합니다.

$$意定 \rightarrow 一念$$

'수련을 하는 것'과 '수련단체에 다니는 것'이 같은 걸까요? 다릅니다. 뜻을 둔 곳이 다르기 때문입니다. 수련단체에 다니는 데 초점을 맞출 것이냐, 거기서 말하는 진리를 찾아내는 데 초점을 맞출 것이냐는 분명히 다르지요. 수련을 시작할 때는 확실하게 뜻을 정하는 것이 좋습니다. 그러다 보면 자연스럽게 내가 뜻을 둔 것에 대해 앎이 생기기 시작하고 그 앎이 커지게 됩니다.

건강하기 위해 시작했든, 삶의 고통에서 벗어나기 위해 시작했든 거기에 대한 지식이 쌓입니다. 뜻을 세운 것에 대한 앎의 수준이 올라가니 이게 바로 의식 수준의 향상입니다. 결국 그것이 공부입니다. 의식意識은 8식 중의 하나이지만, 결국엔 이 의식이 나머지 7식을 끌고 가야 하니까 수련에서는 엄청나게 중요한 겁니다.

의식 수준이 높아지고 높아져서, 뜻을 통한 앎의 수준이 궁극에 달한 것을 뭐라 할까요? 일념무상一念無想의 마지막 단계인 정념무상正念無想입니다.

뜻을 둔 대상에 대한 식대화識大化가 더 이상 커질 것이 없는 경지에 갔으니 궁극적 진리에 도달한 것입니다.

이런 상태를 순수의식純粹意識, 또는 절대의식絶對意識에 도달했다고도 하죠. 식대화를 통해 앎의 궁극에 이르면, 상대성이 사라진 순수하고 절대적인 의식에 이르게 됩니다. 이를 달리 구경각究竟覺을 얻었다고도 말합니다.

※ 생각 잘하기 ※

- 누구나 할 수 있는 일반적인 생각 잘하기: 注意 + 집중력 + 관찰 + 持久力(지구력)
  ⇒ 몰입 상태가 오고 意識(의식) 수준의 성장이 일어나 인식의 전환이 이루어진다.

- 정리하면 깨달음의 목표인 내 뜻(意)을 정하고(意定), 그 뜻이 나의 一念(늘 그 순간에 떠오르는 한 가지 생각)이 되도록 주의력을 동원해 집중하고 관찰하면 점점 편견이자 이미지(Image)인 생각(想)이 사라지기 시작해(편견과 오해인 想이 어두워져 소멸되어가는 것을 명상 과정이라 한다) 편견이 사라진 無想(무상) 상태에 도달할 수 있다.

一念無想(일념무상)

- 주의 : 어떤 사물, 사건, 장소, 생각 등에 관심을 집중하여 기울임
- 止觀(지관), 冥想(명상)
- 意의 종류에 따라 그 뜻에 맞는 다양한 관찰 효과(깨달음, 통찰력)를

얻을 수 있다.

- 그러기 위해서는 자신이 쓰는 단어, 용어의 개념이 명확해야 한다. 개념의 명확화를 통해 개념이 몇 번 재구성되어 더 이상 오해할 수 없는 최고의 이해 상태에 있을 때 그 단어와 용어의 개념 이해가 완성되었다고 할 수 있다.

依言眞如와 離言眞如, 名可名非常名

예) 神, 自然, 道, 性, 見性, 德, 眞, 善, 美, 無, 空, 佛性 등

※ 생각 잘하기 → 의식 수준의 향상 → 인식 기준의 전환, 깨달음 증대, Paradigm Shift

3 ─────────── 생각 잘하기(깨닫기)

여러분은 이제 뜻을 세워서 내가 원하는 어느 한 생각에 초점을 맞추는 게 얼마나 중요한지 아셨을 겁니다. 그런데 뜻을 세우는 것까지는 알겠는데 어떻게 관철해야 할지 모르겠다면, 이렇게 생각해 보세요. 앞에서 뜻은 마음을 정하는 것이라 했습니다. 결국 마음을 잘 써야 한다는 의미입니다. 마음을 잘 쓰려면 생각을 잘해야 되는 거고요. 그러면 이제 '생각 잘하기'를 공부해야 되겠지요.

수련 단체들은 '좌선이나 명상을 많이 하라'고 합니다. 눈을 감고 앉아 있긴 하는데 뭘 어떻게 하라는 건지 잘 모르겠다는 분들도 있습니다. 제 생각에 수련이란 결국 생각을 잘하는 것입니다.

일반적으로 생각을 잘하려면 우선 뜻을 잘 세워야 합니다. 달리 설명하자면 어디에다 주의注意를 두는 겁니다. 식물학자라면 꽃에 주의를 둬야 하고, 도예가라면 흙에 주의를 둬야 하겠지요. 어쨌든 자기만의 뜻을 정했다는 것은 어떤 음계에서 하나의 음을 선택한 것과 같아요. 이렇게 일반적 생각 잘하기는 지금보다 나아지기 위해 누구에게나 필요한 사고방식입니다. 논의를 좀 더 이어가 보겠습니다.

주의 집중, 몰입, 삼매, 직관

주의注意란 말에 꼭 따라붙는 단어가 있지요? 바로 집중集中입니다. 주의란 말 자체에도 집중이란 개념이 들어가 있긴 합니다. 사전에서 주의를 찾으면 '어떤 사물, 사건, 장소, 생각 등에 관심을 집중하여 기울임'이라고 되어 있습니다. 그런데 왜 굳이 '집중'이란 말을 덧붙였을까요? 주의가 '유지'되는 것이 중요하기 때문입니다.

주의가 집중된 상태가 바로 몰입沒入입니다. 몰입이 굉장히 특별한 것인 줄 아는데 그렇지 않습니다. 주의 집중이 유지되기만 하면 몰입 상태입니다. 더하여 몰입 상태가 유지되어야 소위 삼매도 체험할 수 있으므로 지구력持久力이란 개념도 무척 중요합니다. '누가 더 오래 끌고 가느냐'에서 승부가 나기 때문입니다.

삼매가 중요한 이유는 삼매 상태일 때 자신의 개체성이 사라짐으로써, 생각하는 나인 '주체'가 생각하는 주제인 어떤 '객체'만 남아, 대상과 내가 하나 되는 주객일여主客一如를 체험하기 때문입니다. 따라서 내 안의 신이든 우주이든, 본래 나의 본래면목本來面目의 앎이 그대로 드러나게 됩니다.

평소에는 판단력이 감각의 방해와 선입견에 오염되어 나타나지만, 삼매 상태에서는 오염이 완전히 제거되어 본래부터 알고 있던 정답(초감각적 지각)들이 그대로 드러납니다. 이것이 바로 직관intuition이고, 이 과정이 '생각 잘하기'의 요체입니다. 그래서 다음의 요약문이 매우 중요합니다.

주의注意 + 집중력 + 관찰 + 지구력持久力

무언가를 원할 때는 열정熱情과 갈급渴急이 필요하지요. 기독교에서는 이를 갈급한 상태라 표현합니다. 갈급하지 않으면 지구력이 생기지 않습니다. 산만하여 집중이 안 될 때도 지구력이 생길 수 없습니다. 남이 하니까 그냥 따라하는 사람들이 끝까지 가는 경우는 정말 보기 드문 일입니다.

책의 앞부분에서 궁극의 행복이란 '모든 욕구와 열정으로부터 자유로운 상태'라 정의했던 것을 기억하시나요? 최종 목적지는 '욕구로부터의 자유'가 맞지만, 그리로 가는 동안에는 '갈증'이 동력이 됩니다. **공부를 할 때는 열정熱情과 냉철冷徹함을 동시에 가져야 한다는 얘깁니다.**

불교 공부를 한 분들은 지관止觀이란 말이 익숙하실 겁니다. 지止는 말 그대로 '그침, 멈춤'이어서 어딘가에 관심이 있는 상태를 유지한다는 의미이기도 합니다. 그렇게 보면 지관과 명상은 별 차이가 없습니다.

止觀 → 止 + 觀

탐구할 뜻을 정했다면立志, 그것이 관찰할 주제입니다.
그리고 그 주제를 관찰하는 내 마음을 일념一念으로 만드세요. 이 두 단계가 이루어지면, 즉 집중력으로 삼매에 도달하면, 본래 처음부터 알고 있던 답이 저절로 드러나기 시작해 알고자 하는 것에 대한 편견 없는 정답을 찾아낼 수 있습니다.
여러분이 어떤 뜻을 세우고 관찰하느냐에 따라 다양한 관찰의 결과물과 깨달음을 얻을 수 있습니다. 답을 얻고자 하는 주제에 집중해 내 안에서 답이 나오도록 내어 맡기는 허용 과정이 지관법止觀法인 셈입니다.

언어의 정확한 이해와 명확한 사용

아시다시피 이러한 관찰의 모든 과정은 생각을 잘해서 옳은 답을 얻기 위함입니다. 그런데 그 생각이란 것에는 반드시 '언어'란 도구가 필요합니다. 지금부터 5초간 언어를 전혀 쓰지 않고 생각을 해 보세요. 됩니까? 인간은 어쩔 수 없이 언어를 통해 사고를 하게 되어 있습니다. 생각을 잘하려면 적절하고 정확한 언어의 선택이 필수적입니다.

무엇보다 자신이 쓰는 용어와 개념을 명확히 하세요. 도道, 자연, 신神이란 개념은 원래 언어로 표현이 안 되는 거라고요? 그런 말을 하는 분께는 얼마나 노력해 보셨는지 묻고 싶습니다. 사전을 뒤지고, 책을 읽고, 생각하고 또 생각해야 합니다.

깨달음을 언어로 표현할 수 있을 때까지 개념의 명확화를 통해 개념이 몇 번 재구성되어 더 이상 오해할 수 없는 최고의 이해 상태에 도달했을 때, 그 단어와 용어의 개념 이해가 완성되었다고 할 수 있습니다. 개념이 틀렸다 싶으면 고치고 또 고치기를 반복해야 합니다. 이렇게 철저하게 사유하는 것이 괴롭고 지루하더라도 '생각 잘하기'를 통한 깨달음을 위해서는 반드시 필요한 과정입니다.

신神, 자연自然, 도道, 뭐라도 좋아요. 여러분이 어떤 화두를 잡고 최고의 이해 상태에 이르렀다면 '깨달음이란 이거다'라고 정확히 언어로도 표현할 수 있게 된다는 얘깁니다. 언어로 표현이 안 된다면? 아직도 멀었다는 뜻입니다. 앞에서 설명한 의언진여와 이 언진여를 참고하시면 이해가 더 잘 될 겁니다.

지금까지 한 얘기를 정리해 보면 이렇습니다. **깨닫기란 결국 '생각 잘하기'이고, 생각을 잘하려면 언어를 잘 사용해야 하고, 언어를 잘 사용하려면 사용하는 용어의 개념이 명확해야 합니다.** 별 게 아니죠? 그냥 과학의 기초입니다. 내가 뭘 관찰할지 명확히 하고, 그것에 주의를 집중해서 계속 관찰하여 깨달음을 얻어, 어떤 개념이나 현상을 정확히 설명하는 게 과학 아니던가요?

생각을 잘하면 의식 수준이 향상됩니다. 알고자 하는 것을 뜻으로 삼고(意), 그 뜻에 대한 깨달음이 증가하면 앎(意識)의 수준이 올라가는 것은 당연한 일입니다. 이 과정을 정리하면 다음과 같습니다.

생각 잘하기 → 의식 수준의 향상 → 인식의 전환, Paradigm Shift

여러분이 찾고자 하는 것은 무엇입니까? 여러분이 뜻을 세우고, 그 뜻에 대한 앎의 수준을 향상시키면 인식이 전환이 이루어집니다. 만약 동시대인들이 함께 바뀐다면 '패러다임 쉬프트'가 이루어졌다고 합니다.

궁극의 진리에 달하면 내가 무아無我이고 나의 모든 경계境界가 없어지니, 그때는 세상 답답할 일이 없겠지요? 여러분 모두 그렇게 되시도록 제가 이렇게 얘기하고 있는 거고요.

4 — 우주의 미소 짓기, 꼬리뼈 바라보기

　제가 만든 독특하고 효과 좋은 수련법 하나를 소개하려 합니다. 소원을 이루는 가장 확실한 방법은 그 소원이 이미 이루어졌다고 생각하면서 기뻐하고 감사하는 마음을 갖는 것이란 얘기를 들어보셨지요? 이 원리와 비슷합니다. 내가 깨달은 사람의 입장이 되어서 최고의 존재다운 표정을 짓는 겁니다. 하나님이어도 좋고 부처여도 좋습니다. 자신의 신념대로 하세요.

　이해가 안 된다면 석가상의 표정을 떠올리면 됩니다. 거의 대부분의 부처는 온화한 표정으로 옅은 미소를 띠고 있습니다. 처음에는 흉내 내려고 해도 잘 안 됩니다. 차라리 소리 내어 웃는 게 훨씬 쉽습니다. 그 미소를 짓기 위해서는 '내가 우주의 주인이라면 어떤 표정을 짓고 있을까?'란 생각을 해야 합니다.

석가상이나 반가사유상 중에 이거다 싶은 것이 있고, 모나리자의 미소도 비슷한 점이 있습니다. 입꼬리가 살짝 올라간 듯하면서 입술은 반듯할 때, 우주에 가까운 좋은 기운이 아주 잘 돕니다.

내가 우주라는 생각을 놓치지 않으면, 그 생각에 맞는 표정이 저절로 지어집니다. 또한 그런 생각이 깊어질수록 표정도 따라서 온화해집니다. 이게 제가 드릴 수 있는 가장 큰 힌트입니다.

'우주의 미소 짓기'가 익숙해지신 분들을 위해 다른 방법 하나를 더 알려드리겠습니다. 바로 '꼬리뼈 바라보기'입니다. 한 점을 바라볼 때 집중이 쉬워집니다. 그런데 왜 하필 꼬리뼈냐고요? 꼬리뼈에서 에너지가 싹트기 때문에 기왕이면 몸도 살리자는 취지에서 그렇게 하는 것입니다.

사실 궁극적 진리에서 보자면 꼬리뼈든 정수리든 무슨 상관이 있겠습니까? 티끌 하나에 시방세계十方世界가 다 담겨 있는데 말이죠. 기왕이면 몸에서 반응이 좀 빨리 오는 곳에 집중하자는 의미일 뿐입니다. 꼬리뼈가 아니라 하단전下丹田이나 중단전中丹田이 더 중요하다는 사람들도 있는데 뭐 편할 대로 하시면 됩니다.

꼬리뼈에 집중이 잘 되면, 다음에는 지금 보고 있는 꼬리뼈에 우주가 담겨 있음을 바라봅니다. 여기까지도 잘 된다면 앞의 방법을 합치면 됩니다.

즉, 우주답게 미소 지으며 꼬리뼈에 있는 우주를 바라보는 겁니다. 10분 정도를 집중할 수 있다면 집중력이 꽤 좋은 편입니다. 이 상태로 계속 있어도 좋고, 깨닫고 싶은 주제를 떠올리며 관찰을 계속해서 깊은 통찰의 결과를 얻어내도 좋습니다.

우주의 미소 짓기 + 꼬리뼈 바라보기 +
꼬리뼈에 담긴 우주 바라보기
&
우주의 미소 짓기 + 깨달을 주제 선택 + 집중 + 관찰

대맥帶脈이니 충맥衝脈이니 하는 기경팔맥 등의 경락 순환이 좋아지고 오라가 맑아지고 밝아져 몸이 좋아지고 얼굴이 맑아지는

것은 덤입니다. 그만큼 효과가 있다는 얘기입니다. 참선, 화두, 명상…. 이런 수행법을 어려워하는 분들도 '꼬리뼈 바라보기'는 쉽게 할 수 있지 않을까요?

한 번 해 보시고, 좋으면 꾸준히 연습하시기 바랍니다. 159쪽에 나오는 참나춤도 해 보시라고 권해드립니다. 이 책을 읽는 여러분께 이 방법들을 선물로 드립니다.

5장

앎에서 삶으로

- 止觀(지관) → 一 + 止觀 → 正觀(정관)
  ※ 格物致知(격물치지), 致良知格物(치양지격물)

- 자신의 주된 관심사인 뜻(意)을 궁극의 진리로 정하고(意定), 주의(注意)를 집중해 몰입된 상태에서 궁극의 진리를 관찰하여 깨달음이 오면, 그 깨달음이 '궁극적인 진리와 언제나 부합하는가'를 다시 관찰한다.

- 자신의 깨달음이 궁극의 진리와 늘 같다는 것이 확인될 때까지 계속 되풀이해서 관찰한다. 반복하다 보면 단순한 믿음에서 의혹이 완전히 사라지고 사실에 기초한 불변의 진리로 바뀌게 된다.

1 ──────── 궁극의 진리를 찾는
'생각 잘하기'

　주제는 거창하지만 앞에서 말한 '생각 잘하기'에다 대입만 하면 됩니다. 주의를 두는 대상만 '궁극의 진리'로 잡으면 된다는 뜻입니다. 일반적인 생각 잘하기는 여러분이 원하는 자유, 행복, 돈, 명예, 뭐든 거기에 뜻을 두고 의식을 집중하면 되는 것이고, 그것이 곧 소원을 이루는 길입니다.
　궁극의 진리에 도달하려면 우주, 자연, 도, 나 등 존재의 궁극적 개념과 원리에 뜻을 두고 끝까지 계속하면 됩니다. 끝이란 더 이상 의심이 생기지 않을 때까지를 말합니다.

의심이 사라진 '믿음'과 하나에 '머뭄'

불교에서 '믿음'이란 말을 즐겨 쓰진 않습니다만 대승기신론大乘起信論이란 게 있습니다. 기신起信이란 믿음을 일으킨다는 뜻이지요. 여기서의 믿음이란 맹목적인 믿음이 아닙니다. 정말로 있는 그대로의 믿음, 진여眞如를 봤을 때 그런 사실에 기초한 믿음을 말합니다. 즉 의심이 완전히 사라진 믿음이죠.

'단순한 믿음에서 의혹이 완전히 사라지면 사실에 기초한 불변의 진리로 바뀐다.' 이것이 바로 부도지에서 말하는 해혹복본解惑復本의 개념입니다.

앞에서 설명한 지관止觀에 궁극적 진리를 대입해 보겠습니다.

우선 우리는 알고자 하는 것에 뜻을 세웁니다. 그런데 왜 '멈춤止'이라는 개념을 썼을까요? 세운 뜻이 한 군데 머물러 있어야 하기 때문입니다. 쉽게 말해 주의를 유지해야 하는 거죠.

궁극적으로 하나一에 머물러 있어야 합니다. 알파요 오메가요, 모든 것인 '하나' 말입니다. 그러한 궁극적 진리에 초점을 맞춘 것이 바로 바름正입니다.

$$止觀$$
$$一 + 止 \rightarrow 正$$
$$一 + 止 + 觀 \rightarrow 正觀$$

보다 정확히 표현하자면 '바르게 관찰한다는 것'은 '일즉다 다즉일 중중무진' 하는 '하나'에 초점을 맞춰서 모든 주의가 거기에 멈춰 있고, 그 하나를 계속 관찰하는 것입니다. **하나에 머무름止, 바를 정正의 개념이 정말 대단하고 멋지지 않습니까?**

지관止觀의 지止를 정正으로 바꾸면 초점의 대상이 정正이 됩니다. 수행의 기본이 바로 정관법正觀法이지요.

맞물려 있는 두 개념, 격물치지와 치양지격물

지금까지 우리는 '온 우주 = 다多 = 만유萬有'인 하나에 초점을 맞췄습니다. 그런데 격물치지格物致知란 개념도 있습니다. 작은 사물 하나를 통해서도 진리에 도달할 수 있다는 의미이지요. 사실 일미진중함시방一微塵中含十方을 믿기만 한다면, 지금 제 손에 들린 펜 하나, 물 컵 하나에서도 궁극의 진리를 알 수 있습니다. 격물치지를 내 주변에서부터, 작은 것에서부터 시작한다면 안 될 것도 없습니다.

앞에서도 간략히 설명했지만, 격물치지와 반대되는 개념이 치양지격물致良知格物입니다. 양지良知란 말은 본래 맹자가 사용했는데, 후에 양명학이 본격적으로 가져다 쓴 것입니다. '치양지격물'이란 모든 것을 아는 지혜로 사물을 헤아린다는 뜻입니다. '격물치지'와 다르게 큰 데서부터 시작합니다.

사실 궁극적 진리眞理를 이해하려면 격물치지와 치양지격물, 두

가지 전혀 다른 접근법이 모두 필요합니다. 나와 우주라는 존재는 서로 묘하게 맞물려 있기 때문이지요. 나는 우주의 아주 작은 부분이면서, 동시에 그 안에 우주 전체를 고스란히 담고 있는 매우 특별한 존재입니다.

궁극적 진리를 쉽게 체험하는 방법

여기 궁극적 진리인 '일중일체 다중일, 일즉일체 다즉일'을 쉽게 체험하고 이해에 다가갈 수 있는 팁을 드리겠습니다. 182~185쪽에 소개한 자발공, 다우징, 오링 테스트를 꼭 한 번 해보시기 바랍니다. 정말 그렇게 단순한 행위에 그렇게 큰 진리가 숨어 있는지 체험해 본 후에, 그 의미를 성찰하시기 바랍니다. 멀게만 느껴지던 큰 깨달음이 '이렇게 가까이 있을 수 있다'는 사실에 놀라게 되실 겁니다. 어렵지 않으니, 다른 수행을 하시는 분들도 또 다른 수행 방편으로 삼아 보시라고 추천합니다.

소위 '감각을 벗어난 지각', '알아차림 이전의 알아차림', '초감각적 지각'으로 일컬어지는 지각 능력이야말로 선험적이고 선천적이며 누구에게나 있는 기본적인 지각 능력이란 것을 알게 되면, '내 안의 우주, 내 안의 신'에서 더 나아가 '나는 우주, 나는 신'이라는 개념이 어렵지 않게 도출됩니다. 수행이든 과학이든 증거에 의해서 나온 깨달음이 아니라면, 단지 신념에 따른 믿음일 뿐입니다.

사실 온 우주는 자기 스스로 운행하는 질서 속에서 모든 모습과 현상으로써 증거를 드러내고 있는데, 우리의 눈이 뜨여야만 그것을 알아볼 수 있습니다.

아직도 수행이란 뜬 구름을 잡는 것이라 생각하시나요?

여러분이 살아가는 매순간마다 '생각 잘하기'를 철저하게 한다면 그것이 바로 수행입니다. 그러면 우주의 근본 원리이자 최고의 가르침인 '종교'를 깨닫게 됩니다. 그게 바로 견성이고 득도입니다. 하지만 정말 그런 사람으로 사는 것, 그런 사람답게 사는 것은 또 다른 얘기란 것을 마음속에 꼭 담아 두시기 바랍니다.

- 天命之謂性
  率性之謂道   學 + 習
  修道之謂敎

- 궁극의 진리에 도달하고 그것이 사실이라고 알게 되면(大悟, 見性), 그 진리는 하찮아 보였던 내가 사실은 더 이상 위대할 수 없는 대단한 존재임을 깨닫게 해, 나를 구속할 것은 내 마음뿐이며 본래부터 자유로운 것을 단지 잊고 지냈음을 알게 된다.

- 내가 더 이상 추구할 욕구와 욕망이 필요 없는 무애자재한 존재라는 것이 사실로 받아들여지면, 욕구와 열망에서 해방된 지고의 행복을 누리게 된다. 그래서 궁극의 진리를 복음(福音)이라고 하는 것이다.

- 늘 자유롭고 행복한 삶을 이루려면, 삶은 지식이 아니어서 궁극적인 진리를 안 지혜를 삶에 적용해야 한다. 길을 아는 것과 가는 것은 다르다. 궁극적 진리를 삶의 모든 부분에 대입하며 살아야 궁극의 자유와 행복, 즉 대자유와 지복을 누릴 수 있다.

2 ─────── 늘 자유롭고
            행복한 삶

궁극의 진리에 도달하고 그것이 사실임을 알면, 하찮아 보였던 내가 더 이상 위대할 수 없는 대단한 존재임을 깨닫게 됩니다.

나는 본래부터 자유로운 존재였으되 그 사실을 잊었을 뿐입니다.

나를 구속할 수 있는 것은 내 마음뿐입니다.

나에겐 더 이상 추구할 욕구와 욕망 따위는 없습니다.

나는 무애자재한 존재입니다.

그러니 모든 욕구와 열망에서 해방되어 지고의 행복을 누릴 수 있습니다.

이 책을 정독하셨다면, 제가 '자유롭고 행복한 삶'에 '늘'이라는 수식어를 붙이는 이유가 이해되셨을 겁니다. 궁극의 진리가 자신의 진리로 받아들여지고, 이것이 자기 삶의 지표가 된다면 그는 늘 자유롭고 행복한 삶을 누리는 사람입니다. 예수가 말한 '내 말씀 안에 거하는' 삶 말입니다. 그 말씀을 그대로 믿고 따르고 생각하게 되면 늘 행복한 삶이 가능해집니다. 그래서 복된 소리福音라고 하죠.

天命之謂性 천명지위성
率性之謂道 솔성지위도
修道之謂敎 수도지위교

– 중용 –

學 + 習

– 논어 –

삶은 '지식'이 아니고 '사는' 것입니다. 늘 궁극적인 진리를 삶에 적용해야 한다는 뜻입니다. 길을 아는 것과 가는 것은 다르니까요. 여러분은 그 길을 가야 합니다. 궁극적 진리를 삶의 모든 부분에 대입하며 살아야 궁극의 자유와 행복을 누릴 수 있습니다. 도를 닦아서, 깨치고, 그대로 살아야 합니다. 그게 바로 수도생활修道生活입니다.

학습學習은 아이들만 하는 게 아닙니다. 수행을 할 때도 아는 것을 자기의 것으로 만드는 과정이 중요합니다. **깨닫는 법**(생각 잘하기)의 실천을 습관으로 만드는 것은, 정형화된 현재의 습習에서 벗어나 궁극의 깨달음을 얻게 해주는 비결입니다. 새로운 것을 배워서 '익혀야' 비로소 내 것입니다.

여러분 모두 궁극의 깨달음이 주는 선물인 대자유大自由와 지복至福을 누리시길 바랍니다.

부록

부록에 실린 두 편의 글은 저자가 (사)한국정신과학학회 학술대회에서 발표한 논문입니다.
궁극적 진리를 깨닫는 데 도움이 되리라 생각해서 덧붙인 것이니 참고하시기 바랍니다.

· 부록 1 ·

알아차림 이전의 알아차림
'초감각지각 超感覺知覺'

요약

   우리는 가끔 −책이나 TV에서 교회, 절 등 주변에서− 특별한 사건이나 사람들을 보거나 듣거나 만나는 경우가 있다. 보지 않고도 밀폐된 통 속의 물건을 맞추거나, 일어날 사건을 미리 맞추거나(꿈의 계시 또는 신의 계시 또는 명상 시에 보이는 경우 등 다양한 방법이 알려져 있음), 그냥 보고 아픈 곳 맞추기, 각종 기감으로 아픈 곳 맞추기, 치유의 은사로 아픈 몸 치유하기, 기로 아픈 몸 치유하기, 원격진단, 원격치유, 원격투시, 귀신이나 저승사자 보기 등의 사례들이 그것이다.

흔히 우리는 그런 일을 하는 사람들을 초능력자라고 부르고 있다. 우리 학회의 잠재능력분과(현 초의식분과) 위원장을 오랫동안 맡았던 글쓴이의 입장에서 보면, 그들은 우리의 능력으로는 도달하지 못하는 초능력자가 아니라 인간 누구에게나 있는 잠재능력을 일부분 꺼내 쓸 수 있는 능력자라고 풀이한다.

이러한 다양한 특별한 능력들이 그들만의 것이 아니고 인간 누구에게나 있고 특별한 경우에 특정인이 사용할 수 있는 것이라면 인간에 대한 이해 자체가 달라져야 한다.

도대체 인간은 무엇이고 인간이 가진 능력은 어디까지인가? 왜 특정한 인간만 특별한 일들이 가능한가(누구나 가능해야 하는데)? 누구나 가능하다면 왜 그러하며 왜 우리는 아예 특별한 것이 가능하다는 것을 모르고 있는 것일까?

이런 당연한 의문에 답하기 위해 고승들과 수도사들 중에 놀라운 능력을 보였던 분들이 많았던 점을 같이 살펴보던 중 흥미로운 점이 발견되었다. 완전한 깨달음의 증거나 부산물로 불교에서는 6신통六神通을, 우리나라의 신교神敎, 또는 仙敎에서는 4대신기四大神機를 말하고 있었다. 수행하는 분과 일반인이 나타내는 소위 초능력 현상이 공통점이 있는데, 불교에서는 이미 이런 현상들을 설명할 수 있는 용어들이 정의되어 있을 정도로 분명히 정리되어 있고, 서양심리학에서도 이미 용어들이 정의되어 있었다.

불교에서는 알아차림과 '알아차림 이전의 알아차림(감각이전의 알아차림)'이라는 용어가 있고, 철학, 심리학에서는 감각적 지각, 고감각적 지각, 초감각적 지각이라는 용어들로 인간의 저 깊이 잠재해 있는 지각 능력까지 설명하고 있다. 인간의 감각적 알아차림 이전의 선험적, 선천적인 당연한 알아차림이 있다는 것이다.

그리고 이러한 알아차림(초감각 지각)이야말로 궁극적 깨달음을 가능하게 하는 꼭 필요한 알아차림이며, 모든 감각적 알아차림을 수정할 수 있는 직관체계의 핵심이며, 명상과 선禪으로 정답을 얻게 하는 항상 진여실상眞如實相을 알고 있는 누구에게나 내재된 알아차림인 것이다.

당연히 있는데 우리가 있는지도 모르고 있는 초감각적 지각을 파헤쳐 본다.

*핵심용어: 관찰, 알아차림, 알아차림 이전의 알아차림, 지각, 고감각적 지각, 초감각적 지각, 앎, 깨달음

一. 여는 글

종교와 과학이 근본이 달라 서로 다른 것을 보고 접점이 별로

없다고들 한다. 종교는 믿음을 과학은 이성을 강조할 때 전혀 접점이 없고 찾는 것이 전혀 다른 것처럼 보인다. 이 논문은 종교와 과학을 비교 분석하고자 하는 것이 아니므로 차이점보다 특별한 공통점을 언급하며 그에 대해 풀어가고자 한다.

　과학은 어떤 사물이나 현상을 알기 위해 관찰하고자 하는 대상을 확정해 그 대상을 철저히 관찰하여 원하는 답을 찾아나간다.
　종교제도 중 불교, 힌두교 등은 표현은 달라도 간단히 요약하면 깨달음을 얻기 위해 위빠사나, 명상, 지관법止觀法 등을 사용한다. 공통점을 요약하면 깨달을 대상을 선정해서 거기에만 집중해 그 대상을 관찰하여 대상에 대한 알아차림이 증가하여 결국 원하는 깨달음을 얻게 된다.

　과학과 종교 모두 어떤 "참"의 결과를 얻기 위해서는 대상을 정하고 관찰한다는 가장 기본적인 방법은 똑같다는 것을 알 수 있다. 관찰하는 대상만 다르다.

　그리고 관찰을 하면 관찰수준에 따라 관찰 대상을 알아차리는 수준이 나타난다. 즉 관찰을 잘못하면 알아차림 수준이 낮거나 틀리고, 관찰을 잘하면 정답을 알아차리는 수준이 올라간다. 알아차림이 모이고 모여 더 정확하고 더 큰 알아차림으로 변해가는 것이다. 따라서 알아차림은 당연한 것이고 어떤 알아차림을 얻었느냐가 중요하다는 것을 알 수 있다.

그런데 치열하게 깨달음을 추구하다 보면 알아차림도 관찰을 해야 알게 되는 −인간의 감각을 기반으로 하는− 알아차림이 있고, 대상만 정해지면 바로 알게 되는 −인간의 감각을 기반으로 하지 않는− '알아차림 이전의 알아차림'이 있다는 것을 알게 된다.

이 특별한 '알아차림 이전의 알아차림'은 모든 초능력현상의 원천이며, 직관直觀, Intuition의 원천이며, 궁극적 깨달음의 원천이며 바로 그것이다. 더욱이 기쁜 것은 우리의 이해와 상관없이 누구에게나 원래부터 선천적이고 선험적인 앎의 방식으로 내재된 것이라는 것이다. 인간의 앎과 알아차림 그리고 궁극적 깨달음의 열쇠인 특별해 보이는 알아차림 방식인 초감각 지각에 대해 깊이 알아보고자 한다.

二. 알아차림과 앎과 깨달음

먼저 설명에 중요한 용어의 사전적 의미를 확인해 본다.

알아차리다

1. 알고 정신을 차려 깨닫다.

2. 알아채다.

* perceive, become aware(conscious)

* 감각, 기억, 경험 등을 기초로 자기 나름대로 해석함

지각 知覺, Perception

1. 알아서 깨달음, 또는 그런 능력 (국어사전)

2. 사물의 이치나 도리를 분별하는 능력

3. [심리] 감각기관을 통하여 대상을 인식함, 또는 그런 작용. 그 작용의 결과로 지각체가 형성된다.

4. 생활체가 환경의 사상事象을 감관感官을 통하여 아는 일. 환경 내의 물리화학적 에너지는 생활체의 감관에 도달하여 지각으로서 작용하지만, 감관은 자극을 수용하여 구심성求心性 신경계를 흥분시키고 흥분은 중추에 도달하여 복잡한 과정을 일으켜서 지각을 발생시킨다. 이것은 지각을 발생적으로 본 경로인데 지각은 자극에 대응하는 차별 반응의 일종이라고도 할 수 있다. 그러나 직접 현상으로서 지각은 무엇을 감지感知하느냐, 무엇을 인지認知하느냐를 가리킨다. 사물 인지에서도 그것이 무엇인지는 모르지만 무엇인가의 존재를 발견Detection하는 단계부터 그것이 무엇인지 명확하게 알게Recognition 되는 단계까지가 포함된다. (두산백과)

* 위의 알아차림과 지각이 개념이 거의 같다. 이 논문에서는 두 용어를 차별 없이 사용하기로 한다. 통상적으로 알아차림은 위빠사나에서, 지각은 서양 철학 특히 현상학에서 많이 쓰이는 용어인데, 그냥 있는 현상을 어떻게 바르게 인지하고 이해하여 해석하느냐는 동서양의 종교, 철학에서 가장 중요하다는 점에서 차이가 없고 표현만 다른 것으로 보인다.

앎
1. 아는 일 (국어사전)
2. 안다는 것으로 특정한 물건이나 사람, 혹은 추상적인 어떠한 것을 이해할 수 있거나 그에 대한 지식이 있다는 것을 의미한다. (위키백과)
3. 아는 것 (글쓴이 추가)
* Knowledge, Information, 知, 識

깨달음
1. 생각하고 궁리하다 알게 되는 것 (국어사전)
2. 단순히 알고 있는 상태를 의미하는 것이 아니라, 몰랐던 것을 알게 된 상황을 의미 (위키백과)
* Enlightenment
예) 나? 나 = 내 몸 + 내 마음

나 = 내가 알고 있는 나 + 내가 모르고 있는 나

나 = 내가 아는 몸 + 내가 모르는 몸 + 내가 아는 마음 + 내가 모르는 마음

　※ 내가 모르고 있는 나를 알아가는 것이 깨닫는 과정이다.
　※ 모르는 것을 다 알면 궁극의 깨달음을 얻었다고 한다.

한글로 설명이 가능한 용어는 한글의 원뜻을 살려가며 풀이하였다. 예를 들어 이 논문에서의 알아차림은 Sati의 번역어가 아니고 그냥 우리말 알아차림이다. 우리말의 원뜻으로 충분히 설명이 가능하고 번역에서 오는 용어의 혼란을 피할 수 있는 장점이 뚜렷하기 때문이다.

三. 앎의 과정

1. 마음과 생각

사람은 마음으로 정신적인 작용을 하는데 마음은 생각을 통해 자신을 드러낸다. 그런데 생각은 단순히 한 가지 개념이 아니라 적어도 세 가지의 큰 분류가 가능하다. 念, 想, 思가 그것이다.

念: 지금 내 생각, 감각이나 과거의 경험, 지식 등을 기초로 지

금 사물, 현상, 용어 등을 보고 드는 생각 또는 지금 갑자기 떠오르는 생각, 지금 이 순간 나의 각오, 목표 등

想: 어떤 사물, 현상, 용어 등의 대상을 접하고 드는 생각, 거의 모든 경우 자신의 감각에 의존하거나, 그동안 축적된 경험과 지식을 바탕으로 한 판단에 기초한 생각, 편견, Fact가 아닌 Image 등으로 표현된다.

思: 念, 잡념雜念, 想 등 온갖 생각들

2. 앎의 과정
통상적으로 제대로 된 알아가는 과정은 다음과 같다.

① 대상(주제, 사물, 현상)을 정한다 → ② 대상을 놓치지 않고 관찰한다 → ③ 관찰하며 알아차리는 것들을 정리하며 대상에 대해 알아 간다. → ④ 대상에 대한 앎을 확정한다.

이는 불교에서의 지관법止觀法과 다르지 않다.

① 관찰할 대상을 정해 집중한다止 → ② 관찰을 통해 알아차리기 시작한다. → ③ 알아차림이 중요한 게 아니고 뭘 알아차렸나

가 중요 → ④ 알아차림의 수준이 끝까지 가면 마지막 깨달음을 얻고 통通했다고 한다.

따라서 불교의 지관법은 다른 곳에 없는 정신수행법이 아니라, 가장 기본적이고 근본적인 고도의 '생각 잘하기'를 군더더기 없이 정리한 이론이며 실제로 수련하기에 제일 가치 있는 수행 중 하나라고 할 수 있다.

그런데 새로운 앎을 알기 위해서는 지금까지의 지식과 세상을 보는 시각을 버려야 하기 때문에 가장 기본적인 알아차림은 지금의 나는 나름대로의 편견이 가득한 자이고 내가 정한 주제를 바라보는 나의 시각도 나름대로 왜곡되어 있음을 알아차리는 것이다. 그래야 새로운 관점이 들어오기 시작한다. 내가 정한 대상에 대한 편견이 사라지는 만큼 '참'에 접근할 수 있다.

그런데 마지막 깨달음 과정에 달해 참을 얻으려면 원래부터 선천적으로 알고 있는 본래적 알아차림이 드러나야 한다. 결국 우리의 통상적인 알아차림으로 '알아차림 이전의 알아차림; 즉 초감각지각을 알아채야 한다. 그러려면 대상에 집중한 상태에서 소위 나의 불확실한 판단작용을 거두고 조용히 기다리면 홀연히 모든 편견이 사라진 상태冥想, 冥想가 오면서 정답(초감각지각)이 떠오른다.

이미 있던 답이 우리의 인식작용 속에 들어오는 것이다. 그러면 우리는 궁극의 깨달음을 얻은 것이다.

四. 알아차림의 종류

- 알아차림
- 알아차림 이전의 알아차림(감각 이전의 알아차림)
- 감각적지각 Sensory Perception
- 고감각적지각 Higher Sensory Perception, HSP
- 초감각적지각 Extra Sensory Perception, ESP

불교에서는 알아차림과 '알아차림 이전의 알아차림'으로 구별하는데 알아차림은 일반적인 인간의 지각 능력을 뜻한다. 즉, 인간이 감각과 과거 경험, 지식 등을 활용해 알거나 알아가는 현상이다.

감각을 활용하므로 서양 철학이나 심리학에서 말하는 지각능력 중 감각적지각과 고감각지각을 통틀어 포함한다고 할 수 있다. 참고로 고감각지각은 보통 사람의 감각으로는 알아내지 못하나 선천적 또는 후천적 노력으로 일반인들이 보거나 듣거나 냄새 맡거나 맛보거나 몸으로 느끼거나 하지 못하는 것들을 감각으로 감지하는 특별한 분들(예: 무당, 수련인 예술인 중 일부)이 있는데, 이들의 특별한 지각능력을 일반인들의 감각적 지각 능력과 구별하여 고감각지각이라 한다.

이 논문의 주제인 '알아차림 이전의 알아차림' 즉 초감각지각에 대해서는 다음 장에서 독립적으로 취급하기로 한다.

5. 알아차림 이전의 알아차림, 초감각지각

※ 초감각지각의 사전적 의미부터 알아본다.

• 감각기관의 도움 없이 외계 환경의 변화를 지각하는 현상. 감각기관이 아닌 다른 수단에 의한 외부적 사건의 지각. 텔레파시, 투시력, 염력 등이 있으며, 많은 연구에도 불구하고 이러한 능력의 존재 여부는 여전히 많은 논란을 낳고 있다. (실험심리학 용어사전)

• 감각기관에 의존하지 않고 물체나 사건을 지각하는 현상을 의미한다. 천리안이나 텔레파시 등의 현상이 해당되며, 초심리학 혹은 심령학의 연구대상이 된다. (사회복지학 사전)

• 인지되는 물리적 감각을 통해서 얻지 않은, 마음을 통해서 얻은 정보의 획득을 동반한다. (위키백과)

* 텔레파시, 투시력, 천리안, 귀신이나 천사 보기 등은 초감각지각이 아니라 고감각지각이라 칭하는 것이 옳다. 보통 사람보다 뛰어난 능력이지만 감각적지각을 통하고 있는 능력이기 때문이다.

따라서 취약한 사전의 설명을 보충하기 위해 글쓴이가 정의를 내려 본다.

• 초감각적지각이란 감각기관과 무관하게 사물, 현상, 주제 등의 대상을 선천적, 선험적, 본래적으로 알아채고 아는 현상을 말한다. 순수의식 또는 절대의식이라 부르는 지고의 수준에서의 알아차림을 뜻한다. 따라서 직관直觀체계의 핵심이며, 항상 진여실상眞如實相을 알고 있는 누구에게나 내재된 지각 방식이다. 사견으로는 초감각지각이란 용어 자체가 '알아차림 이전의 알아차림'이란 용어에서 비롯된 것으로 보인다.

六. 초감각지각의 실존 증거

Dowsing, O-Ring Test, Applied Kinesiology, 자발공 등

이러한 방식들은 누구나 손쉽게 실증할 수 있고, 아주 빠르게 잘 쓰는 방법을 습득할 수 있다. 누구나 주의 집중만 잘하고 내 안의 내재된 힘을 믿기만 하면 저절로 된다고 할 수 있다. 이는 초감각지각의 정의와 그대로 부합한다.

글쓴이는 이런 방식들을 활용해 비전돼오던 "도안, 신안, 불안 풍수지리"와 "사상의학" 등의 핵심을 밝혀 책을 쓰기도 했다.

七. 초감각지각 활용 시 주의사항

초감각지각은 본래적이며 선험적인 내재된 알아차림이므로 언제나 누구에게나 정답을 주고 있는데, 인간이 그것을 있는지도 모르거나 잘 사용하지 못하는 이유가 있다. 인간은 감각기관을 가지고 있어 어떤 대상을 인지할 때 언제나 감각적지각과 초감각지각이 동시에 작동하는데, 감각적지각이 강하게 두뇌의 감각회로를 사용하기 때문에 초감각지각은 없는 것으로 느껴지게 된다. 초감각지각을 알아채고 그것을 나의 알아차림으로 사용하고자 할 때도

거의 동시에 작동하고 있는 감각적지각에 영향 받지 않도록 철저히 깨어 있어야 한다.

결국 모든 편견이 사라진 무상, 명상 상태에 도달해야 언제나 초감각지각에 의한 정답을 얻을 수 있다. 쉽지는 않지만 언제나 정답이 내 안에 있다는 것은 사실이고 따라서 큰 축복이라 할 수 있다.

八. 드러나 있는 초감각지각의 흔적들

- 金尺 (박혁거세)
- Daimonion (소크라테스)
- 冥想으로 정답 얻기
- 一念無想 수련법 (無念無想(혜능)의 無念은 眞如正念인 一念이다)
- Francis Bacon의 4대 우상 척결 (진리 발견)
- 궁극의 自發功, 無礙舞, 易筋功, 太極功, 神舞, 仙舞, 佛舞
- 宇我一體 梵我一如, 神人合一 수련법
- 一中一切 多中一, 一卽一切 多卽一 (法性偈)
- 萬有 위에 계시고, 萬有를 통해 실행하시며, 萬有 안에 계신 하나님 (에베소서)
- 侍天主 造化定 永世不忘 萬事知 (동학 21자 주문 中)

- 靈知 (Gnosis)
- 솔로몬왕 궁전의 설계, 피라미드, 고인돌, 그리스 신전들, 석굴암, 마니산 참성단, 앙코르와트, 타지마할 등의 입지와 설계

九. 초감각지각으로 비롯되는 단어들

無我, 無礙, 六神通, 四大神機(見神機, 聞神機, 知神機, 行神機), 超能力, 潛在能力, 선험적·선천적 앎, 無不通知, 全知全能, 純粹意識, 絕對意識, 藏識(아뢰야식), Akashic Record, 如來藏, 主人翁, 道胎

十. 맺음말

- 소위 초능력이란 보통의 인간에게는 없는 능력이 아니라 누구에게나 잠재되어 있는 능력을 유전, 수련 등에 의해 꺼내 쓸 수 있게 된 능력을 말한다.
- 수련과 깨달음 수준에 따라 초능력 발현 수준은 증가한다. 그 끝은 6신통 또는 4대신기이다.
- 누구에게나 생래적, 본래적으로 있는 -감각기관과 무관한-

선천적, 선험적인 앎과 지각 능력을 초감각지각이라 한다.

• 놀랍게도 원래부터 있는 초감각지각 능력을 특별한 체험이 아니면 전혀 있는지도 모른다. 이것이 놀라운 우주의 신비라 할 수 있다.

• 초감각지각이 실재함을 알아차리고 나면 인간과 우주에 대한 이해가 바뀌게 된다.

• 초감각지각을 깨우고 활용하는 방식이 통찰력Insight을 키우고 사용하는 방식이며, 따라서 수행과 모든 교육의 가장 중요한 비결임을 알게 된다. 모든 창의와 영감은 모두 초감각지각에서 비롯한다. 얼마나 다가가느냐에 따라 창의의 수준이 결정된다. 본질을 보는 수준이 결정되기 때문이다.

• 초감각지각을 사용하는 것은 내재된 우주(또는 신)의 지혜(金尺, Gnosis)를 사용하는 것이니 결국 나의 지혜를 우주의 지혜가 대신하도록 하는 것이다. 결국 '알아차림 이전의 알아차림'은 모든 것을 내포하고 모든 것 안에 있는 -각 개체가 가지고 있는 특별한 감각기관으로는 도저히 알 수 없는- 놀라운 모든 존재의 가장 보편적인 지각방식인 셈이다. 우리의 가장 일상적이고 보편적인 지각 방식이어서 도리어 감지하지 못하는 것이다. 인간의 생명유지에 가장 중요한 것이 숨쉬기를 통해서 공기를 들이마시는 것인데 너무나 당연해서 평소에는 공기의 존재와 중요성을 알아차리지 못하고 사는 것과 같다.

• 감각적지각에 의지하지 않고 자기의 편견이 있음을 알아채고 자기의 편견, 이미지를 내려놓기 시작하면 '알아차림 이전의 알아차림' 즉 초감각지각은 점점 깨어나기 시작한다. 이것이 통찰력 Insight을 키우는 방법이며, 직관력 Intuition을 깨우는 방법이다.

• 초감각지각이야말로 우리가 우주 또는 신의 유전자를 그대로 물려받았음을 증거하고 있으며, 예수, 석가 등의 깨달은 분들은 이것에 기초한 내용을 세상에 전파하여 우리 모두가 대단한 존재임을 알리고자 하였다.

• 모두가 초감각지각을 가진 대단한 존재(神人合一)이니, **자유와 행복 누릴 자격이 있음에 감사하고 마음껏 누리시길 바랍니다.**

• 부록 2 •

생명체生命體와
성명쌍수性命雙修

요약

　각종 수행방법들이나 수련방법들이 공통적으로 강조하는 성명쌍수性命雙修는 과연 통상적으로 설명되고 있는 심신수련心身修鍊 즉, 마음수련+몸수련일까? 혹시 다른 뜻이 있는 것은 아닐까? 개념이 잘못되어 방향이 틀리면 잘못된 목적지에 다다르게 된다.

　삼일신고三一神誥의 성性 · 명命 · 정精과 심心 · 기氣 · 신身의 개념을 재조명하여 생명체는 무엇으로 구성되어 있고 왜 성명쌍수일 수밖에 없는 것인지 밝힌다. 그럼으로써 드러나는 수련법의 목표와 그 목표를 가능하게 하는 수련방식들은 어떤 특징을 가지고 있는지 알아본다. 이 탐구의 결과물 즉, '성과 명을 알고 실천하면 우리는 궁극적인 행복에 이르고 대자유를 만끽할 수 있을까?' 하는 질문에 분명하고 확실하게 그렇다는 답을 제시한다.

추상적이라고 생각해왔던 도道, 덕德, 자연自然, 운명運命, 성명쌍수 등의 용어들이 매우 실제적이고 구체적이고 또 이상적이기도 한 실천덕목 또는 존재 그 상태를 규정한 것임을 느끼고 확인하는 시간을 갖고자 한다.

1. 머리말

최근 들어 요가, 태극권, 단전호흡, 선禪, 명상 등의 수련법들이 꽤 인기를 끌고 있는데, 거의 모든 수련단체와 수련법들이 공통적으로 강조하는 것이 성명쌍수이다. 심지어 불교, 도교, 유교는 물론 우리의 수행법이라는 선도仙道도 수련의 핵심은 성명쌍수성수(性修)+명수(命修)이다. 자신의 수련법이 성명쌍수라는 주장은 같으나 그걸 이루어내는 구체적인 수련법은 매우 다르다. 단지 방편만 다른 것이 아니라 목표지점도 다르게 여겨지는 것도 꽤 있다. 목표가 잘못 설정되면 아무리 열심히 해도 진짜 원하는 목표에 제대로 도달할 수가 없다.

과연 성명쌍수는 거의 통설화 되어 있는 심心+신身 수련일까? 성명쌍수는 정말 우리가 수련의 목표로 삼아도 아무 문제가 없는 훌륭한 수련방법인가? 그렇다면 왜 그런 것일까? 성은 무엇이고 명은 무엇인가?

이런 의문을 해결하기 위해 글쓴이는 생명체의 본질에 주목하여 생명체는 무엇으로 이루어져 있나 살펴보고, 성과 명을 명확히 하여 성명쌍수의 중요성을 새삼 제기하고자 한다.

2. 생명체

생명체는 生 + 命 + 體로 구성되어 있으므로 "명이 생긴 몸"이라고 풀 수 있다.[1]

생물학에서 다루는 생물의 개념과는 다른 개념이다. 혼동이 있어서는 안 된다. 생명은 명이 생긴 것이니 명이 무엇인지 알아야 생명을 이해할 수 있고 더불어 생명체도 이해할 수 있다.

3. 명命

명의 사전적 의미는 ①목숨 ②운명이다. 여기서는 ②의 운명, 역할, 해야 할 일을 뜻한다.

명을 명확히 알기위해 《중용》 첫머리를 인용한다. '천명지위성 天命之謂性, 천명을 성이라 한다.' 천명은 하늘의 명인데, 이때의 하늘은 우주, 자연, 신, 창조주 등의 큰 뜻이고 명은 운명, 해야 할 일이므로 천명은 곧 우주의 해야 할 일, 우주의 질서, 섭리 또는 신의 섭리라고 풀이할 수 있다. 이것은 곧 성의 풀이이기도 하다. 우주를 우주의 역할을 하는 단일 생명체로 본다면 우주가 하고자 하는 역할이야말로 우주의 명이고 우주가 변해가는 성향을 나타내는 성인 것이다. 인간은 이 성을 본성, 신성, 자성, 불성, 영성 등으로 표현한다.

큰 생명체인 우주宇宙를 구성하는 작은 부분들은 어느 것이나 큰 우주의 일부이며 그 우주를 우주이게끔 기능하게 하는 부분들이다. 마치 인체의 어느 것들이나 따로 기능하는 것 같지만 인체 전체의 조화調化 속에서 자기 일을 해내는 것과 같다. 각 부분들은 자기가 전체와의 조화 속에서 일을 하고 있는지 모르더라도 그러하다. 인체를 구성하는 각 부분들은 각자의 고유한 역할이 있고 그 역할이 제대로 수행되어야 인간이라는 생명체가 단지 인체가 아닌 우주에서 어떤 역할을 하는 생명체가 된다. 바로 그 역할을 하는 것이 그 인간의 명이다. 바꿔 표현하면 우주의 역할인 성은 우주를 구성하고 기능하게 하는 수많은 역할을 하는 것들 즉 고유한 역할을 하는 생명체들 속에 있어 전체가 조화를 이루며 기능

할 수 있게 하는데 이때 각 생명체들의 역할 또는 해야 할 일을 각 생명체들의 명命이라 한다.2

이런 의미에서 보면 우주에 존재하는 유·무형의 모든 것들, 즉 《에베소서》의 표현을 빌리면 만유萬有는 생물과 무생물의 구분과 별도로 모두 생명체라 하겠다. 그러므로 모든 생명체는 모두 성性을 전제로 하고 있는 것이며, 각 개체(개별 생명체)의 역할인 명에 따라 서로 다른 명을 가지고 있는 것이다. 그리고 그 명은 어느 것이 다른 어느 것보다 좋고 나쁘고가 없다. 전체가 조화를 이루는 서로 다른 명만 있을 뿐이다. 특정 인간이나 생명체가 특별히 좋아하는 것만으로는 성은 제대로 작동할 수 없기 때문이다. 성의 입장에서는 어떤 명이든 모두 귀하고 꼭 있을 자리에서 꼭 필요한 만큼 작동하고 있는 것이다. 명命이야말로 모든 생명체의 존재이유存在理由이다.3

4. 性+命 → 精(生命體)

위의 설명을 보면 생명체는 우주의 명인 성과 각 생명체의 명으로 이루어졌음을 알 수 있다.

글쓴이는 성명쌍수가 심신수련이라는 통설이 수련의 대략적인 설명으로는 이해가 되나, 각자의 삶이 매우 다르고 거기에 따라 선악善惡과 호오好惡의 판단이 늘 따르게 되는 것에는 확실한 지침이 되지 않는데 의혹을 가지고 또 다른 수련의 원리를 모색하던 중 《三一神誥》를 접했다. 후대에 만든 위서라는 설도 있으나 역사성을 배제해도 이 정도의 내용이면 세계 어느 종교원리에도 전혀 뒤지지 아니하고, 명료하고 간결하며 아주 짧게 생명의 진리를 표현해낸 것은 가히 세계의 으뜸이라서 여기에 감사하는 마음으로 인용하고자 한다. 총 366자 중 삼일신고 진리훈 편만 인용한다.

三一神誥 眞理訓

人物 同受三眞 曰 性命精 人 全之 物 偏之
인물 동수삼진 왈 성명정 인 전지 물 편지

眞性 無善惡 上哲 通 眞命 無淸濁 中哲 知
진성 무선악 상철 통 진명 무청탁 중철 지

眞精 無厚薄 下哲 保 返眞一神
진정 무후박 하철 보 반진일신

惟衆迷地 三妄着根 曰 心氣身 心依性 有善惡 善福惡禍
유중미지 삼망착근 왈 심기신 심의성 유선악 선복악화

氣依命 有淸濁 淸壽濁妖 身依精 有厚薄 厚貴薄賤
기의명 유청탁 청수탁요 신의정 유후박 후귀박천

眞妄 對作三途 曰 感息觸 轉成 十八境
진망 대작삼도 왈 감식촉 전성 십팔경

感 喜懼哀怒貪厭 息 芬爛寒熱震濕 觸 聲色臭味淫抵
감 희구애로탐염 식 분란한열진습 촉 성색취미음저

衆 善惡淸濁厚薄 相雜 從境途任走 墮生長消病歿 苦
중 선악청탁후박 상잡 종경도임주 타생장소병몰 고

哲 止感 調息 禁觸 一意化行 返妄卽眞 發大神機 性通功完 是
철 지감 조식 금촉 일의화행 반망즉진 발대신기 성통공완 시

※ 위의 物 偏之를 偏을 徧 또는 遍으로 고쳐야 삼일신고의 본래 의미에 맞는다. 아마도 구전으로 내려오는 중에 잘못 이해한 분 때문에 바뀌었다고 본다.

위 삼일신고의 내용을 보면 성과 명을 심心과 신身에 대응시키는 통설과는 다르게 성과 명과 정을 심과 기와 신에 대응시키고 있다. 명을 기와 대응시키고 정을 신에 대응시키고 있다. 그렇다. 생명체인 정은 성과 명으로 이루어져 있기 때문에 성과 명이 무엇인지 제대로 이해하고 닦으면 성명쌍수가 제대로 이루어지는 것이며, 성과 명의 결합물인 정은 저절로 빛나는 태을금화太乙金華5가 되는 것이다. 요즘 말로 표현하면 성과 명이 결합하면 어떤 생명

체의 해야 할 일인 명을 실현시킬 수 있는 특정 염색체 지도를 갖는 생물이나 특정 분자식 구조 또는 지금 현대과학으로는 알 수 없는 구조를 가진 유·무형의 물질이나 생물 형태로 특정 생명체가 생겨난다.

모든 생명체의 명이 아름다운 조화를 이뤄나가는 것이 우리의 우주인데, 어떤 생명체는 특히 인간들은 자신의 명이 마음에 들지 않는다는 데 문제가 있다. 자기의 역할을 명으로 이해한 자는 늘 행복하겠으나 뭔가 잘못된 기로 이해한 자는 불행해 한다.

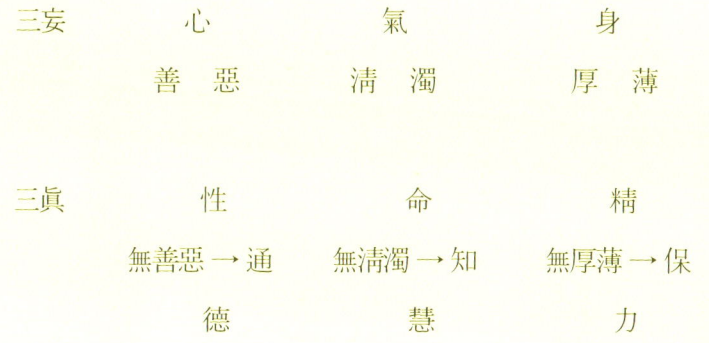

3진이 3망으로 오해됨으로써 心은 性에는 없는 선악을 구별하고, 氣는 命에는 없는 청탁을 구별하고, 身은 精에는 없는 후박을 구별한다. 그러나 3진과 3망은 본래 같은 것인데 이 땅의 사람들이 그것을 잊어버리고 의혹에 빠져 오해하고 있는 것이다.

자신을 성과 명으로 이루어진 생명체 즉 정으로 보는 사람은 참을 보는 자이니 행복하고 편안하며 자유롭고, 자신을 심과 기로 이루어진 생물 즉 신으로 보는 사람은 거짓을 보는 자이니 불행하고 불안하며 부자유스럽다. 위 예시를 살펴보면 큰 종교제도들의 근본원리가 간명하게 설명됨을 알 수 있다. 참을 보는 자는 성인이며 도인이고 깨달은 자인데 삼일신고에서는 성통공완자性通功完者라 하고 그 증거로서 그의 마음이 세상의 어느 것이나 무선악을 기준으로 바라보는 것이라 한다. 이는 불교에서 얘기하는 108번뇌 즉 모든 번뇌를 벗어난 자이며, 혜능이 《단경》에서 설파한 식심견성識心見性한 자이며, 기독교에서 원죄가 생겨나는 원인인 선악과를 먹지 않은 자이다.8

이렇게 간단명료하게 진리를 표현한 문서는 정말 드물다. 게다가 生命, 生命體, 見性, 善知識(선악의 개념에서 벗어나 모든 것을 선으로 보는 사람 또는 그 지혜), 氣修鍊, 몸의 종류(身의 厚薄), 後光, 性理學, 命理學, 精理學, Avatar(化身) 등의 개념도 여기서는 명확히 드러난다.

5. 성명쌍수

앞에서 살펴본 바와 같이 성과 명은 심과 신으로 대응하는 것이 아니라 심과 기로 대응하는 것이다. 그러므로 성을 제대로 알기 위해서는 心修鍊을 해야 하고, 명을 제대로 알기 위해서는 氣修鍊을 해야 한다. 그러면 身修鍊은 저절로 이루어진다. 따라서 성명쌍수를 이루는 수련법은 心身수련이 아니라 心氣수련이어야 한다.

1) 명수

주의해야 할 점은 여기서의 氣修鍊은 통상적으로 얘기하는 인체 내부의 기(한의학에서 경락을 흐르는 기, 요가에서 나디를 흐르는 기)를 강화하는 수련이 아니라는 점이다. 삼일신고의 표현대로 명과 대응하는 기는 명을 잘못 이해한 것이므로, 어떤 해야 할 역할이 명이고, 그 명은 다 귀하고 좋고 나쁨이 없는데, 우리 인간은 자신이 전체의 부분이면서 전체의 질서, 섭리가 자신에게 온전히 들어 있음을 망각하고 자신의 역할인 명이 마음에 들지 않는다고 생각하고 있다는 것이다.

이때 미혹에 빠진 사람이 보는 명을 기라고 하는 것이기에, 氣修鍊은 자기가 좋다 나쁘다(삼일신고의 표현에서는 청탁)고 생각하는 자신의 운명 즉, 역할이 어떤 것이고 어떤 의미가 있는지 알아보고 다른 사람들이나 생명체들의 역할 즉 운명은 어떤 가치가 있는 것인지 깊이 새겨보는 것이라고 할 수 있다.

모든 생명체의 모든 역할이 다 소중하고 가치 있는 일이며 거기에 청탁(세속적인 표현으로는 우열)이 없음을 알고, 단지 지금껏 내가 청탁이 있다고 생각해 왔구나를 아는 순간 명을 제대로 이해한 것이다. 그러면 다음 할 일은 자신의 명을 충분히 이해하고 즐기는 것이다.9 이것이 선가에서 얘기하는 혜명慧命이다.

그것을 삼일신고에서 명쾌히 혜와 명을 밝힘으로써 慧命이 바로 명수命修가 추구하는 결과임을 드러내고 있다. 어떤 종교제도의 가르침도 현실에 기반한 자신의 역할이야말로 정말로 소중하고 누구도 대신할 수 없다는 것을 이렇게 분명하게 제시하는 것은 없는 것으로 글쓴이는 알고 있다. 불교의《반야심경》에서도 오온개공五蘊皆空을 제시했기 때문에 일상이 바로 본질의 세계임을 갈파하고 있지만, 글쓴이가 보기에는 명이라는 단어를 사용한 삼일신고의 가르침이 생명체의 본질을 나타내면서도 왜 생명이 소중한지를 쉽고 분명하게 깨닫게 한다고 본다. 이점이 삼일신고의 탁월함이고 우리 민족정신의 뿌리 사상으로 드높여야 할 이유 중 하나이다.

2) 성수性修

성에 대해서는 큰 종교제도에서 서로 다른 이름으로 다루고 있는데 그 종교제도를 있게 만드는 기본이요 근본인 개념이 성이다.

우주의 질서, 자연의 섭리, 신의 섭리를 성이라 하므로 우주에 존재하는 모든 생명체는 우주의 질서를 따라가는 성향(性向)이 내재돼 있다. 싫어하든 좋아하든, 알든지 모르든지 언제나 우리 내부에는 우주의 本性, 神性, 自性, 佛性, 靈性으로 표현되는 성이 내재돼 있다는 것이어서 우리는 본래 우주요, 신이요, 자연이요, 부처일 수밖에 없다. 단지 모르고 있을 뿐이다. 《화엄경》의 일미진중함시방 —微塵中含十方, 《법성게》의 일중일체다중일 일즉일체다즉일 —中一切多中一 一卽一切多卽一, 《에베소서》의 만유 위에 계시고 만유를 통해 행하시고 만유 안에 계신 하나님이 다 같은 내용이다.

이 같은 성의 개념이 이해되면(견성, 見性) 자신의 마음이 편견을 가져 온 우주를 구성하는 다양한 생명체와 우주가 변해가는 상황을 있는 그대로 받아들이지 못하고 있었음을 알게 된다. 내가 이해하지 못해도 우주는 우주라는 생명체로 자신의 명대로 살아가고 있고 인간은 이것을 성이라 이름 지었고, 이 성은 우주를 구성하는 작은 부분인 각 생명체가 각 개체가 독립적이라고 믿는 편견 속에서는 아예 보이지도 않거나 보이더라도 지극히 일부밖에 볼 수 없다.

성을 아는 방법은 편견(偏見)으로 가득 찬 마음을 없애는 것, 좀 더 정확히 표현하면 사물이나 상황을 바라볼 때 바라보는 상태만

유지하고 사물에 대한 편견을 버리는 것이다. 삼일신고의 표현을 빌리면 현상, 사물이나 상황에 대한 선악의 판단을 내려놓는 것이다. 이것을 무심無心이라 한다. 사람의 마음은 맑고 쏠림 없이 가져가야 하는 것이 있고 버려야 할 것이 있다. 편견 없이 바라보는 것도 마음의 작용이고 편견을 버리는 것도 마음의 작용이다. 자신의 마음을 편견 없이 꾸준히 바라보다 보면 성을 보게 된다. 육조 혜능은 이를 일러 식심견성識心見性이라 했다.12 결국 마음에서 성을 보는 것이다. 다르다고 생각했던 것이 잘못된 것이었고 처음부터 마음과 性은 같은 것이었기 때문이다. 삼일신고의 표현대로 원래 3진과 3망은 같은 것이다. 심과 성이 다르다고 알고 있는 상태에서 벗어나, 심과 성이 처음부터 다른 적이 없었고 수련자인 내가 단지 이해를 그르쳐 오해하고 있었음을 아는 것이 성수性修이다. 성수의 결과는 성을 제대로 아는 것이어서 성통性通, 견성見性으로 표현할 수 있다. 《중용》에서는 솔성지위도率性之謂道, 성을 따름을 도라 한다라 했다. 이 상태는 이 세상 모두를 볼 때 선악의 판단에서 자유로워져 참 아름답고 참된 모습만 보이게 된다. 있는 그대로 참되고 아름다운 세상을 볼 수 있을 때 德이 있다고 삼일신고는 표현한다.

성수가 제대로 되면 命修는 훨씬 쉬워진다. 命修를 제대로 하려면, 性修가 안 되면 삼일신고에서 표현하는 혜慧에 도달하기 어렵기 때문에 性修는 필수적이다. 또 나와 다른 생명체들의 가치와 역할을 귀하게 여기는 命修도 性修를 통해 덕德을 얻는 데 큰 도움이 된다. 생명체는 성과 명으로 이루어져 있으니 나나 인간이란 생명체를 제대로 알려면 性과 命을 둘 다 제대로 이해하고 닦아가야 한다. 그래서 성명쌍수는 필수적인 수행법이요 수행원리이다.

6. 마침말

왜 성명쌍수가 수련법의 대명사인 것인지 알기 위해, 또 성명쌍수는 과연 합당한 수련법인지 알기 위해, 인간을 포함한 모든 생명체는 무엇으로 구성되어 있으며 그 구성 요소인 성과 명은 무엇을 의미하는지 알아보았다.

성은 우주가 자신이 하여야 할 일을 해나가는 것인데 우주는 우주의 명을 이루기 위해 스스로 그러하게 움직인다. 그리고 우주 자신의 명인 성을 이루기 위해 우주를 구성하고 있는 수많은 부분을 이루는 생명체들은 성을 모태로 하여 성을 이루기 위한 생명체들만의 명을 부여받아 그 생명을 이어나간다. 성과 명이야 말로 어느 생명체가 그 생명체이게 만드는 존재 이유이다.

이제 각종 수련법들의 진위眞僞나 고급 · 저급의 구별을 시도할 수 있다. 어느 수련법이든 성과 명을 명확히 알게 하는 수련은 최고급 수련이고, 말로는 성명쌍수를 주장하고 있지만 적당히 심신 수련이라고 하면서 성과 명이 무엇인지 제대로 가르칠 수 없다면 좋은 수련법은 아니다. 그저 건강이 좋아지고 조금 더 편안해지고 도술 몇 가지를 얻을 수는 있겠지만 자신의 정체를 찾아 자신의 본성을 알게 되는 궁극적인 수련법은 아니다. 불행히도 대다수의 수련법이 성과 명을 제대로 가르치지 못하는 것이 현실이다.

성을 알고 명을 알면 자신이 누구인지 알게 되고 자기의 정체를 알게 되면 평소 자기 생각보다 무한히 큰 나를 만나게 된다. 도대체 내가 아닌 것이 없고 내가 없는 곳이 없어서 관찰하는 주체인 나와 관찰 당하는 객체의 구별도 없어진다. 오직 나만이 존재하고 우주에는 역할이 다른 나만 있을 뿐임을 알게 된다.[13] 이때 너와 남과 구별되는 나도 구별되어질 것이 없기 때문에 나라고 할 것이 없어진다. 이때가 무아無我의 상태이다. 나를 잃어버리거나 놓치는 것은 정신병이거나 망아忘我이다. 더 이상 나를 고집하려고 해도 구별할 수 없을 때 무아이며 그때의 나를 억지로 표현하여 대아大我라고 한다. 이때야 말로 신인합일神人合一의 상태이며 대오大悟의 상태이다. 이때는 우주나 자연 또는 신이 모두 자신이므로 최고의 행복幸福과 대자유大自由를 만끽하게 된다.[14]

성명쌍수가 중요한 이유는 이 수련을 통해 생명체의 본질을 파악하고, 생명체인 인간도 자신의 본질을 깨달아 자신의 정체인 참나를 알고 나면 우리는 원래 그 정체에서 벗어난 적이 한 번도 없었는데 내가 미혹迷惑에 빠져 자신의 정체를 잊고 지냈음을 알게 된다는 것이다. (《부도지符都誌》에서 주장하는 수련법인 해혹복본解惑復本, 의혹들을 해소하면 본디가 드러난다은 이것을 뜻하는 것이라고 생각한다.)15 삼일신고에서는 이것을 반망즉진反妄卽眞이라 하고, 공부의 완성功完이라 한다.

우리의 삶이야말로 우리의 명을 실현해나가는 과정이어서 그냥 그대로 참되고 아름다운 것이다(자기의 의식수준의 향상에 따라 거짓으로 가득하고 추하게 보이는 삶이 점점 더 참되고 아름다워진다).16 우리의 삶은 색色인 줄만 알았는데 공空이며, 거짓인 줄 알았는데 참이며, 고통으로 가득 찬 줄 알았는데 제대로 멋지게 즐겨야 하는 삶의 놀이 과정임을 알게 된다. 결국 인생의 참살이가 수련, 수행이 추구하는 목표이고, 어느 사람의 삶의 모습은 그 사람이 주장하는 이론과 상관없이 제대로 수련을 한 사람인가 평가하는 기준이 된다.17

선악과 호오의 판단을 내려놓은 채 생명체를 구성하는 성과 명을 파악하는 수련을 통해 자신이 정말 대단한 존재임을 깨달아 참 자유와 참 행복을 누리시길 기원한다.

❖ 부록2의 미주와 참고문헌

1. 설영상, 도안계 풍수지리, 북스힐, p.230, 2009
2. 설영상, 도안계 풍수지리, 북스힐, p.231, p.251, 2009
3. 설영상, 도안계 풍수지리, 북스힐, p.231, 2009
4. 임승국역, 한단고기, 정신세계사, p.240, 2002
5. 여동빈, 고성훈·이윤희 역, 태을금화종지, 여강출판사, 2005
6. 설영상, 도안계 풍수지리, 북스힐, p.231, 2009
7. 설영상, 도안계 풍수지리, 북스힐, p.233, 2009
8. 설영상, 도안계 풍수지리, 북스힐, p.232, 2009
9. 설영상, 도안계 풍수지리, 북스힐, p.230, 2009
10. 설영상, 도안계 풍수지리, 북스힐, p.230, 2009
11. 설영상, 도안계 풍수지리, 북스힐, p.60, 2009
12. 혜능, 성철 편역, 돈황본단경, 장경각, p.21~37, 1988
13. 설영상, 도안계 풍수지리, 북스힐, p.251, 2009
14. 설영상, 도안계 풍수지리, 북스힐, p.262, 2009
15. 설영상, 도안계 풍수지리, 북스힐, p.252, 2009
16. 설영상, 도안계 풍수지리, 북스힐, p.263~264, 2009
17. 설영상, 도안계 풍수지리, 북스힐, p.52~53, 2009

※ 설영상, 기와 운명 그리고 행복 만들기, 한국정신과학학회 학회지 제8권 제2호, 2004
※ 박제상, 윤치원 역, 부도지, 대원출판사, 2002
※ 에베소서
※ 중용

책에 소개된 수련법 중 '우주의 미소 짓기'를 상징하는 그림으로,
참나찾기수련원의 로고마크이며 '방글이'라는 애칭을 갖고 있습니다.

참나찾기수련원

Tel 02-538-7871
네이버카페 http://cafe.naver.com/seekchamna